古代歷史文化 研究輯刊

十二編

王明蓀 主編

第 14 冊

山西北朝墓葬民族文化交融研究

龍如鳳 著

國家圖書館出版品預行編目資料

山西北朝墓葬民族文化交融研究／龍如鳳 著 -- 初版 -- 新北市：
花木蘭文化出版社，2014〔民 103〕
目 4+146 面；19×26 公分
（古代歷史文化研究輯刊 十二編；第 14 冊）
ISBN 978-986-322-894-3（精裝）
1.古墓 2.民族文化 3.南北朝
618   103013900

ISBN-978-986-322-894-3

9 789863 228943

古代歷史文化研究輯刊
十二編　第十四冊   ISBN：978-986-322-894-3

山西北朝墓葬民族文化交融研究

作　　者　龍如鳳
主　　編　王明蓀
總 編 輯　杜潔祥
副總編輯　楊嘉樂
編　　輯　許郁翎
出　　版　花木蘭文化出版社
社　　長　高小娟
聯絡地址　235 新北市中和區中安街七二號十三樓
　　　　　電話：02-2923-1455 ／傳眞：02-2923-1452
網　　址　http://www.huamulan.tw 信箱 hml810518@gmail.com
印　　刷　普羅文化出版廣告事業
初　　版　2014 年 9 月
定　　價　十二編 20 冊（精裝）新台幣 38,000 元

版權所有·請勿翻印

山西北朝墓葬民族文化交融研究

龍如鳳　著

作者簡介

龍如鳳，臺灣屏東人，中興大學歷史學系博士生，逢甲大學歷史與文物研究所碩士。主要研究方向為北朝時期鮮卑與漢文化融合及其影響。

提　　要

　　北朝時期山西地區地理位置有其特殊性，自東北方興起的鮮卑民族以此為進入中原的中繼站，另一波來自西北方沿絲路而進入的中亞商旅，以及來自南方因避難北上的中原士族，這些不同的種族文化匯聚在山西地區，交融搏合成一股創新的文化。

　　藉由整理山西地區北朝墓葬的考古發掘報告，輔以史書記載作印證，梳理出民族文化融合的脈絡。墓葬出土物的民族文化面貌，呈現三個漸進演變時期：北魏平城時期、北魏洛陽時期及東魏──北齊時期。而墓葬出土所在的地理位置與數量的分佈，與當時政治中心的息息相關。

　　通過墓葬年代分期，以陶俑、壁畫、實用器與明器及墓誌等種類，比較了晉北地區及晉中南地區，鮮卑族與漢族的墓葬隨葬組成。出土物的數量及內容的變化，是探討物質面貌演變的重要依據。其次對於物質面貌的區域特徵形成，從史籍記載中印證，並對北方民族的滲入與交融，乃形成民族自我認同的共識之下的共同生命體，亦是後續的隋唐盛世的基礎。胡化與漢化及至文化融合的歷程中，是民族對其認同自身的選擇，同時能求同存異以謀取最佳利益的結果。

目
次

表　次

第一章 緒 論

　　魏晉南北朝介於中國歷史上兩個統一而又國力強盛的王朝──漢朝和唐朝之間。這一時期，既是列強分據各地爲王的多國並立時代，也是多元民族進入中原文化交融搏合的時代。在自東漢滅亡至隋統一的 300 餘年間（西元220～581 年），中原大地群雄割據，各自爲政，爲爭奪資源的爭戰時時上演。而戰禍頻仍造成人民流離失所，人們逃難避禍及轉移居住地區的遷移，如同浪潮般衝擊大地，但也因爲多種民族湧流運動，促成中原與域外文化在此時期交流乃至融合發展，對於後世的影響，具有關鍵性的作用。

　　漢帝國初期以和親招安政策，繼之在國力強盛之後，以精銳的驃騎軍隊擊潰匈奴，使北方及西域諸國莫不懾服而成爲帝國之屬。學者逯耀東認爲在長城以北，即漢帝國與北方游牧民族間的中間地帶，各民族間的相處，又各自在彼此可以互易所需，相安無事之下，自成一種在非官方模式的繁盛生活。〔註1〕學者王明珂研究指出：在這種漢文化的邊緣地帶，以農業經濟爲主的漢民族，時有受北方民族侵擾及掠奪情形。〔註2〕

　　東漢末年董卓奪漢後，各地豪雄並起競逐中原，而北方民族在連年大旱的氣候變遷因素下，由游牧漸次往南方農耕地帶尋求生存之機。同時期，中原地區的人民在逃避戰禍及謀求生存的需求下，離鄉到外地生活，成爲順應時勢的作法，而在北方地區，這種來自競逐生存空間的移民運動，如同巨大

〔註1〕 逯耀東，〈試釋漢匈間之甌脫〉，《從平城到洛陽》，（台北，東大圖書公司，2001），頁 393～410。

〔註2〕 王明珂，《游牧者的抉擇：面對漢帝國的北亞游牧部族》，台北市：聯經出版公司，2009 年 1 月，頁 218。

的洪流，衝擊著漢文化區域。

就此局勢而言，中古時期山西地區地理位置有其特殊性，自東北方興起的鮮卑民族以此為進入中原的中繼站，建國北魏之後在大同地區經營近百年；另一波來自西北方沿絲路而進入的中亞商旅，以及來自南方因避難北上的中原士族，這些不同的種族文化滙聚在山西地區，在這南北窄長的平原裏交融搏合，形成一股創新的文化。

出自於北方民族第一個進入中原地區的政權所建立的北魏，對於自身的歷史出身亦定位為黃帝血統之一支。〔註3〕鮮卑本身文化低於漢族，但對於中國中古時期民族融合有極大影響。因此史家視其所建立之北朝政權（北魏，與北齊、北周、西魏、東魏合稱北朝），與黃河對岸的南朝政權（宋、齊、梁、陳等）並列，為中華民族歷史發展進程中不容忽視的一個環節。而鮮卑文化在輝煌的北朝時期，與漢文化融合之後，即不再存有鮮卑名號，本文擬藉整理考古出土報告的墓葬出土物面貌，勾勒出其文化交融的進程。

第一節　研究目的及研究方法

歷來研究魏晉南北朝的民族文化融合議題，多以鮮卑的漢化視之，隨著20世紀有計畫進行的考古發掘中，時有新的考古發現，對研究及探討的學者提供更多新史料，更賦予中古史研究的新成果。〔註4〕北朝的民族融合問題，是研究中國中古歷史者的老生常談，前輩學者多有精闢見解，〔註5〕因此在研究此一議題時，以墓葬出土物的實物類型所呈現的民族文化面貌，輔以史籍

〔註3〕　雖起於東北大鮮卑山，但仍自認是黃帝的一脈，見魏收，《魏書》，卷一，〈序紀第一〉，（北京：中華書局2006年），頁1。

〔註4〕　由於考古出土物除了明器類隨葬之實物外，墓誌在南北朝時期墓葬中普遍使用，相對於史籍記載而言，是另一種文字記載的資料，故多稱之為新史料。

〔註5〕　如學者康樂以北魏的祭祀制度為探討其漢化的演變，見氏著，《從西郊到南郊——國家祭典與北魏政治》，台北：稻禾出版社，1995年；學者孫同勛，《拓跋氏的漢化及其他——北魏史論文集》，台北市：稻鄉出版社，民國94年3月；學者劉學銚則以鮮卑對中華民族的影響探討，見氏著，《鮮卑史論》，台北：南天書局，1994年。以及各史學前輩編著之魏晉南北朝史中，例如王仲犖《魏晉南北朝史》，上海：上海人民出版社，2003年；呂思勉，《兩晉南北朝史》，上海市：上海古籍出版社，2005年。或是專書著作如陳寅恪，《隋唐制度淵源略論稿》，台北：臺灣商務印書館，1998年；諭耀東，《從平城刊洛陽》，台北市：聯經出版事業公司，1985年8月。

的驗證角度切入，來觀察及探索當時社會生活的片段，提供另類的研究觀點，是爲研究目的。

迨至今日以文物來回顧當時的歷史演進，是吾人面對有限的史料文字的描述時，另闢研究通道，藉實物史料之輔助，研究當時物質文化的面貌及資料。從已發掘之紀年墓葬出土物，透過其造型圖像可以探研當時的物質文化形成的工藝技術及審美觀；通過普遍性或具有一致性的葬俗形式，進而探討當時代政治制度及禮儀規章；再深入探究民族文化的交流與融合。

綜觀而言，漢代以來相沿成習的厚葬風俗，在東漢末年政治動亂，因墓中陪葬物品豐厚，常致遭受盜墓者的盜挖及破壞。不僅民間百姓的墓被盜，外觀宏偉，建築華麗的帝王陵寢，亦不能或免的成爲盜墓者的明顯目標。

漢代對於死後世界的想像是以成仙爲追求，更早於此的靈魂觀即認爲人具有魂及魄，人死後魂上天，魄下地，故營造仿生時居室之地下墓室，並造模仿生人所用的器具以作爲冥（明）器使用。至東漢時期，其內所設之生活用具一應俱全。〔註6〕到佛教傳入之後，北魏借塑佛像引喻帝身即佛身，〔註7〕開鑿雲岡石窟，〔註8〕推行外來的佛教爲國教，也使佛教的輪迴轉世說影響了原本的靈魂不滅思想，使北朝時期的葬俗，在實質的物質面貌，或是從圖像的表現上，均呈現與漢代時期大爲不同的變化。〔註9〕

這一時期各民族的碰撞與交流融合，是造就繼起的隋唐輝煌文明之關鍵時期。學者巫鴻認爲魏晉南北朝不僅是文化交融的時期，也是各項藝術發展從原本爲禮儀所備，規範於祭祀中，轉爲工藝製作者基於自身審美觀點，而發展爲藝術者創造的最主要轉換時期。〔註10〕

〔註6〕 王仲殊，〈墓葬略說〉，《考古通訊》，1955 年 1 期，頁 56～70；〈漢代物質文化略說〉，《考古通訊》，1956 年 1 期，頁 57～76。

〔註7〕 魏收，《魏書》，卷一百一十四，〈釋老志〉，記載一段以帝身之特徵作爲供人禮佛之像：「是年，詔有司爲石像，令如帝身。既成，顏上足下，各有黑石，冥同帝體上下黑子。」見中華書局版本，頁 3036。

〔註8〕 魏收，《魏書》，卷一百一十四，〈釋老志〉，亦記載一段後世稱爲「雲曜五窟」的始末：「雲曜白帝，於白城西武州塞，鑿山石壁，開窟五所，鐫建佛像各一。高者七十尺，次六十尺，彫飾奇偉，冠於一世。」見中華書局版本，頁 3037。

〔註9〕 例如漢畫像墓的孝子故事圖，在北朝已轉變成出行圖或是墓主生前的社會生活畫像；漢代常用象徵田園經濟的井，倉，廁，田地，池塘等模型，到了北朝時期則簡化至井，碓，倉等，或是未置備。

〔註10〕 巫鴻，〈從“廟”至“墓”〉，《禮儀中的美術》，北京，三聯書店，2005 年，頁 549。

今所見出土之北朝時期墓葬，因戰禍或盜墓所致，出土物普遍殘損不全，但仍可藉由這些出土隨葬物窺得當時社會物質生活面貌。故本研究係整理山西地區北朝墓葬的考古發掘報告，依墓葬所屬年代、形制、出土物類型等等，作分類整理，並從整理所得到的出土物種類、造型、數量的變化，歸納其演變規律及內容，與史書記載互為印證，以為重建當時演進的歷程。從民族文化特徵的延續與否及地區分佈特性，梳理出民族文化融合的脈絡，同時與史籍的相互印證，從不同的視野，探討民族文化在滲融進程中形成的面貌由來。

第二節　考古發現及研究簡史

鮮卑本是東胡之一支，秦漢之際因受匈奴擊散，而退保鮮卑山（現今東北大興安嶺北段）一帶。〔註11〕歷經西遷南下，以及越過陰山，從什翼犍整合部落建立代政權，到拓跋鮮卑從盛樂（現內蒙古和林格爾）到平城（現山西大同）定都，〔註12〕北方各民族也在北魏道武帝時期征服統一於北魏政權，鮮卑的社會經濟也由半游牧轉為到以農耕為主；草原民族的遷移不定和武力征戰轉而成為定居，並開始學習漢族以封建君權制度管理國家。

由於北朝時期在山西地區所形成的特殊文化背景，除了散迭在各種歷史文獻的傳抄記載，自二十世紀五十年代以來，持續進行的有意識及計畫的考古工作，在此一地區亦有相當重要的發現。來自墓葬的考古出土文物，如晉北地區的山西大同即為拓跋鮮卑進入中原地區之後的國都平城，此一地區陸續出土的北魏墓葬，如方山永固陵及萬年堂、〔註13〕司馬金龍夫妻墓、〔註14〕大同南郊北魏鮮卑墓葬群、〔註15〕北魏宋紹祖墓、〔註16〕大同

〔註11〕米文平，〈鮮卑石室的發現與初步研究〉，《文物》1981年第2期，頁1～7。由考古學者在東北發現一天然石洞，壁面刻有北魏三世皇帝拓跋鮮卑在此祭祖的祝禱文，由此解決了學者對史料所記載之大鮮卑山位置，及古代民族鮮卑人之遷移路徑的爭議。

〔註12〕平城現為山西省大同市，晉陽現為山西省太原市，為行文順暢及映照考古出土報告之名稱，本論文今古名稱並用，不另作夾註，以利閱讀。

〔註13〕大同市博物館，〈大同方山北魏永固陵〉，《文物》，1978年7期，頁29～35。

〔註14〕山西省大同市博物館、山西省文物工作委員會，〈山西大同石家寨北魏司馬金龍墓〉，《文物》1972年3期，頁20～33。

〔註15〕山西省考古研究所，大同市博物館，〈大同南郊北魏墓群發掘簡報〉，《文物》，1992年8期，頁1～11。

湖東北魏墓、〔註17〕大同迎賓大道北魏墓群〔註18〕等等，與位於晉中南地區的晉陽地區（現今之山西太原），也即北魏政權分裂之後為東魏──北齊取而代之時期的墓葬，如太原市神堂溝北齊賀婁悅墓、〔註19〕太原南郊北齊壁畫墓、〔註20〕北齊婁叡墓、〔註21〕太原北齊徐顯秀墓等等〔註22〕，北朝墓葬的分佈，主要集中在當時政治中心區域或經濟文化發達地區，而在分佈地域上有很強的代表性。學者李梅田以北朝墓葬考古學研究更指出：北朝墓葬具有分佈集中、等級較高、〔註23〕地域特徵明顯、文化因素複雜等特徵。〔註24〕透過墓葬出土物的表徵解析，除了可以瞭解工藝技術及社會經濟組成，還可藉以重建當時社會生活形態，勾勒出民族文化的融合面貌。

　　受到北朝戰亂頻仍及統治政權的更迭影響，後世史家在史籍記載之北朝民族文化，多以漢族主觀意識為出發點，對於民族融合則以胡族的漢化為主軸，對於鮮卑一族則多以五胡亂華的偏頗觀點視之。迨至近代學者陳寅恪先生 1940 年撰著的《隋唐制度淵源略論稿》，論及北朝史的胡漢問題是胡化漢化而非種族問題，文化關係較重而種族關係較輕；〔註25〕次於 1942 年的《唐代政治史述論篇》中，則再次闡明為：

　　　　漢人與胡人之分別，在北朝時代文化較血統尤為重要。〔註26〕

　　其論述是從隋唐制度的考據，追溯到北朝民族文化融合對於隋唐盛世的影響。日人谷川道雄氏對隋唐帝國的形成，認為其為來自胡漢民族彼此之間，

〔註16〕山西省考古研究所、大同市考古研究所，〈大同市北魏宋紹祖墓發掘簡報〉，《文物》，2001 年 7 期，頁 19～39。

〔註17〕山西省考古研究所，〈大同湖東北魏一號墓〉，《文物》，2004 年 12 期，頁 26～34。

〔註18〕大同市考古研究所，〈山西大同迎賓大道北魏墓群〉，《文物》，2006 年 10 期，頁 50～71。

〔註19〕常一民，〈太原市神堂溝北齊賀婁悅墓整理簡報〉，《文物季刊》，1992 年 3 期，頁 33～38。

〔註20〕山西省考古研究所，〈太原南郊北齊壁畫墓〉，《文物》，1990 年 12 期，頁 1～10。

〔註21〕太原市文物考古研究所，《北齊婁叡墓》（北京：文物出版社，2004）。

〔註22〕山西省考古研究所、太原市文物考古研究所，〈太原北齊徐顯秀墓發掘簡報〉，《文物》，2003 年 10 期，頁 4～40。

〔註23〕如河北省磁縣灣樟大墓及洛陽邙山等等附近出土的皇族大墓，均以家族群聚方式葬在相近的區域。

〔註24〕李梅田，《魏晉北朝墓葬的考古學研究》，北京，商務印書館，2009 年，頁 2。

〔註25〕陳寅恪，《隋唐制度淵源略論稿》，頁 74。

〔註26〕陳寅恪，《唐代政治史述論篇》，台北：臺灣商務印書館，1998 年，頁 19。

在超越種族理念而形成的共同體。〔註 27〕日本文化深受唐代文化的影響，其國內對於中國出土物的研究，在 1995 年成立了「中國出土資料研究會」學會組織，對於中國考古出土物如墓誌、簡帛等，以學術研討會討論並出版論文專集發表成果；〔註 28〕日人渡邊信一郎對中國獨特的國家觀念和天下觀念，以及圍繞它形成的政治秩序的特質進行了考察；〔註 29〕日人窪添慶文以北魏的太子監國制度之實行提出看法；〔註 30〕日人小林仁從美術史的角度觀察北朝的鎮墓獸，認爲其亦是代表胡漢文化融合的面貌；〔註 31〕日人吉村怜則以考古實證的角度探討曇曜五窟的開鑿始末。〔註 32〕

　　隨著考古發現出土的北朝墓葬漸增，其研究成果也日漸豐厚。早期鮮卑墓葬多分佈於內蒙古地區，並在內蒙古考古工作隊進行發掘整理工作。有系統整理出的考古報告，除了彙編於《內蒙古文物考古文集》之第一輯與第二輯外，〔註 33〕在專書部分，如學者魏堅編著的《內蒙古地區鮮卑墓葬的發現與研究》〔註 34〕，將內蒙古地區發現之鮮卑墓葬使用考古方法及手段，區分爲五個時期，對於鮮卑族的考古研究發展，起了標竿作用。相對於《北史》、《北齊書》、《周書》、《魏書》等古籍史料之外，研究北朝的新史料領域益見形成。同時在對史籍記載的鮮卑早期歷史及其遷徙路徑有了明確座標，如學者宿白就考古出土遺址及出土物的類型等，建立鮮卑之移動遺跡，並以其在平城時期爲鮮卑政治權力聚集之展現。〔註 35〕

〔註 27〕谷川道雄著、李濟滄譯，《隋唐帝國形成史論》，（上海：上海古籍出版社 2004），頁 12。

〔註 28〕資料來源：http://www.ricoh.co.jp/net-messena/ACADEMIA/SHUTSUDO/。

〔註 29〕渡邊信一郎著，徐沖譯，《中國古代的王權與天下秩序——從日中比較史的視角出發》（日本學者中國史研究叢刊）北京：中華書局，2008 年 10 月。

〔註 30〕窪添慶文，〈關於北魏的太子監國〉，收入殷憲主編，《北朝史研究》，北京：商務印書館，2004 年，頁 85～99。

〔註 31〕小林仁，〈北朝的鎮墓獸——胡漢文化融合的一個側面〉，收入山西省北朝文化研究中心主編，《4～6 世紀的北中國與歐亞大陸》，（北京：科學出版社，2006 年），頁 148～165。

〔註 32〕吉村怜，〈曇曜五窟三則〉，收入殷憲主編，《北朝史研究》，頁 552～560。

〔註 33〕內蒙古文物考古研究所編，《內蒙古文物考古文集》，北京：中國大百科全書出版社。1994 年；內蒙古文物考古研究所編，《內蒙古文物考古文集》第二輯，北京：中國大百科全書出版社，1997 年。

〔註 34〕魏堅主編，《內蒙古地區鮮卑墓葬的發現與研究》（北京：科學出版社，2004）。

〔註 35〕宿白，〈東北、內蒙古地區的鮮卑遺跡——鮮卑遺跡輯錄之一〉，《文物》，1977 年 5 期，頁 42～54。宿白，〈盛樂、平城一帶的拓跋鮮卑——北魏遺跡——鮮

　　從墓葬出土物的研究，除了就墓主身分與史籍記載的關聯性研討，例如司馬金龍、〔註36〕婁叡、〔註37〕元淑等，〔註38〕於史籍有記載並比對之外，另以各墓葬出土物探討民族文化的交流和滲融，如學者楊泓爲文探討司馬金龍墓之漆屏風與石雕柱礎；〔註39〕學者夏鼐及馬雍探討封和突墓出土之薩珊銀盤；〔註40〕學者張慶捷，常一民以徐顯秀墓出土之藍寶石戒指爲主題；〔註41〕以及學者張志忠由北魏墓銘磚的墓主姓名前的「投代客」之冠稱，以探討北魏統一北方民族，對其容納的民族組成問題等等。〔註42〕

　　運用考古出土報告資料，整理各時期的出土物或墓壁畫，用以探討北朝時期的文化融合者，如學者楊泓的《漢唐美術考古和佛教藝術》、〔註43〕學者鄭岩的《魏晉南北朝壁畫墓研究》；〔註44〕或以漢唐之間的文化、藝術影響與互動爲探討的學者巫鴻主編之《漢唐之間文化藝術的互動與交融》等，〔註45〕均對此一時期文化藝術的演變作出整理，並提出文化融合的面貌成因。

　　本論文重心，不在對北朝期間山西墓葬出土物及其圖像做完整性之分析及類別考據，而是試圖勾勒出民族融合的進程，從北魏早期墓葬出土物所呈

　　　　阜遺跡輯錄之二〉，《文物》，1977 年 11 期，頁 38～46。宿白，〈北魏洛陽城和北邙陵墓——鮮卑遺跡輯錄之三〉，《文物》，1978 年 7 期，頁 42～52。宿白，〈平城實力的聚集和“雲岡模式”的形成與發展〉，《中國石窟寺研究》（北京：文物出版社，1996），頁 115～120。

〔註36〕山西省大同市博物館、山西省文物工作委員會，〈山西大同石家寨北魏司馬金龍墓〉，《文物》，1972 年 3 期。頁 20～33。

〔註37〕山西省考古研究所、太原市文物管理委員會，〈太原市北齊婁叡墓發掘簡報〉，《文物》，1983 年 10 期頁 1～23。

〔註38〕大同市博物館，〈大同東郊北魏元淑墓〉，《文物》，1989 年 8 期，頁 57～65。

〔註39〕宋馨，〈司馬金龍墓葬的重新評估〉，《北朝史研究》（北京：商務印書館，2004），頁 561～580。

〔註40〕夏鼐，〈北魏封和突墓出土薩珊銀盤考〉，《文物》，1983 年 8 期，頁 5～7；馬雍，〈北魏封和突墓及其出土的波斯銀盤〉，《文物》，1983 年 8 期，頁 8～12 及 39。

〔註41〕張慶捷，常一民，〈北齊徐顯秀墓出土的嵌藍寶石金戒指〉，《文物》，2003 年 10 期，頁 53～57。

〔註42〕張志忠，〈大同七里村北魏楊眾慶墓磚銘析〉，《文物》，2006 年 10 期，頁 82～85。

〔註43〕楊泓，〈北朝文化源流探討之一——司馬金龍墓出土遺物的再研究〉，《漢唐美術考古和佛教藝術》，（北京：科學出版社，2000），頁 115～125。

〔註44〕鄭岩，《魏晉南北朝壁畫墓研究》，（北京：文物出版社，2002），頁 287～288。

〔註45〕巫鴻主編，〈墓葬反映的文化藝術的互動與交融〉，輯於《漢唐之間文化藝術的互動與交融》，北京：文物出版社，2001 年 9 月，頁 113～272。

現鮮明的北方游牧民族特色，及至融入漢文化的過程中，分析其如何吸收其他民族文化的脈絡發展；進而在墓葬出土物的表徵及圖像中，對當時多元民族文化融合歷史，期以探求此一時期中原與北方民族，以及中西文化融合之進程。

第二章　晉北地區墓葬

　　魏晉南北朝時期的政治社會變動，不單對當時的社會階層流動，造成上下層次的變動，來自於漢文化邊陲之外的游牧民族文化，以及其挾帶著來自西方的工藝文化，上下流動的社會階層變動之中更摻融外來文明。尤其是北魏政權統一中國北方，定都平城的百年經營，及至隋朝楊堅統一整個中原之間，在山西地區活動的各個民族，將自身的文化帶入，更隨著彼此間的生活交流頻繁，不僅改變了自身的文化面貌，也影響了整個原本以漢文化為主的中原民族。

　　迄今發現出土北朝墓葬的分佈，學者李梅田指出其具有分佈集中、等級較高、地域特徵明顯及文化因素複雜等特點。〔註1〕經整理墓葬出土所在地理區域，繪製成圖 2-1 之「山西地區出土北朝墓葬分佈圖」所示，〔註2〕更可見在山西地區出土之北朝墓葬，大抵以平城（現今大同市）及晉陽（現今太原市）為兩大密集分佈區塊。

　　呈現這樣的趨勢，除了部分因素係來自現代考古挖掘有計劃的針對特定

〔註1〕 李梅田，《魏晉北朝墓葬的考古學研究》，頁 2。
〔註2〕 本文篩選所列出之墓葬考量因素，以有考古出土報告者為主。部分雖已確知年代或正在發掘中之墓葬等，則因其尚未見正式報告面世，如山西左雲縣現正對數座已確為北魏皇陵展開相關工作，但發掘報告的資料尚未發表；另懷仁縣發現之丹陽王墓亦因因墓主身份尚待查證（記載於北魏史籍中稱為“丹陽王”者有 6 位，該墓葬出土文物因盜擾之故不多，僅從墓銘碑等比對與雲岡石窟中期風格相近，故未列在圖表中。見求實，〈懷仁縣發現北魏丹陽王墓〉，《中國考古集成　華北卷　北京市、天津市、河北省、山西省　魏晉至隋唐（一）》（瀋陽：哈爾濱出版社，1994），頁 941。原載於《北朝研究》1993年 4 期。）

區域進行發掘之外，最大的因素還在於當時的政治經濟及社會生活重心所致。如平城是北魏道武帝天興元年（398年）自盛樂遷都到中原地區後，經營了近百年的國都，期間並大舉移民至平城以鞏固統治權力，且在開鑿雲岡石窟時期，自全國各地大量的移入工匠藝伎等等；而晉陽本身的地位則在北齊時期尤為重要，因北魏於孝文帝太和八年（494年）遷洛陽之後，僅維持了二十年政治平穩時期，後期幾在處理六鎮的鎮邊之亂，以及鮮卑化與漢化的衝突所引起之社會動亂。及至 528 年發生的河陰之變，爾朱榮幾將北魏中堅分子消滅殆盡，並施以暴虐的軍事鎮壓，當時高歡率領三州六鎮兵民滅爾朱榮，並在滅爾朱榮後高歡坐鎮晉陽，遙控北魏朝廷。即使在北魏分裂為東西魏並以北齊取代東魏，改遷國都為鄴城，〔註3〕其仍在晉陽及鄴城往返，〔註4〕當時的晉陽即相當於陪都的地位。在這兩地區在出土北朝時期墓葬呈現出相較於山西其他地區的零星分佈情況，明顯有著更為集中的趨勢，自有其歷史因素存在。

北魏自道武帝天興元年（398年）從盛樂（今內蒙古和林格爾）遷都平城（今山西大同，直到孝文帝太和八年（494年）遷都洛陽，近百年的政治、文化和經濟的發展均以平城為盛。學者李憑認為遷都洛陽（494年）亦是北魏一朝政治權力變化的重要分界點，〔註5〕由此本論文即以山西地區北朝時期的北魏，以至繼起代之的北齊等政權，對於民族文化的交融及變遷，從墓主之族屬及身份與墓葬出土物所顯示的葬俗變化觀點來討論之。

由山西地區所出土並有報告發表的北朝墓葬，就墓葬出土地點分佈製圖，如圖 2-1 所示，墓葬分佈幾乎呈現以平城地區與晉陽地區為主要集中區域。進而以各墓葬所屬年代，以時間作為橫座標，以這兩個區域的北朝墓葬與時間軸作時序表，如表 2-1 所示，則墓葬的分佈區域之集中和當時的政治重心起落一致。本文茲就兩個地區墓葬作一比較之闡述，期在各自表述的出土

〔註3〕 在今河北省邯鄲市磁縣地區。

〔註4〕 唐李百藥，《北齊書》帝紀第二神武下，記載高歡多有「朝于鄴……還晉陽」之行，可見其往返鄴城及晉陽之繁。北京：中華書局 2003 年，頁 20～22。

〔註5〕 關於北魏遷都洛陽的因素，歷來迭經討論。遷都洛陽之原因於史記載為孝文帝推行漢化政策，同時也為了要鞏固其權力之統治，並去除在文明太后時期的舊勢力，見李憑，〈道武帝時期的大移民與雁北的開發〉，《北魏平城時期》，頁 363；另從平城地屬偏北，氣候寒冷且耕地有限，出產糧食本已不足，在大舉遷入河西及山東地區的屬民而使糧食供應問題浮上檯面，這也讓北魏主政者不得不列為國家發展的重要問題視之。

物，將隱藏的關聯歷史空間，探討民族文化的融合進程。

　　茲將圖 2-1、表 2-1 列示如次：

圖 2-1　山西地區出土北朝墓葬分佈圖

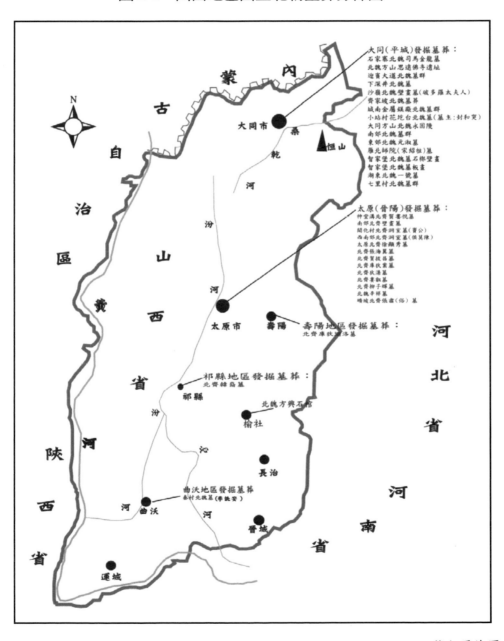

龍如鳳繪圖

表 2-1　山西地區北朝墓葬分區暨年代時序表

年代墓主地區	西元398~440年	西元441~480年	西元490年	西元500年	西元510年	西元520年	西元530年	西元540年	西元550年	西元560年	西元570年-
晉北地區	破多羅太夫人	宋紹祖夫婦 司馬金龍夫婦 智家堡北魏石槨壁畫墓 湖東北魏一號墓 智家堡北魏棺板畫墓 文明皇后墓（方山永固陵） （下深井北魏墓） （電銲廠北魏墓群） （迎賓大道北魏墓群） （金屬鎂廠北魏墓群） （齊家坡北魏墓） （七里村北魏墓群）				封和突 元淑	方興				

年代墓主地區	西元398~440年	西元441~480年	西元490年	西元500年	西元510年	西元520年	西元530年	西元540年	西元550年	西元560年	西元570年-
晉中南地區			曲沃李詵安			辛祥			賀拔昌 候莫陳阿仁伏 柳子輝 董興 張肅俗 賀婁悅	狄湛 張海翼 厙狄業 韓裔（祁縣）	婁叡 徐顯秀 （南郊北齊壁畫墓） 厙狄迴洛（壽陽）

龍如鳳製表

第一節　墓葬概述及出土物分析

　　自東漢末年以來中土戰禍頻仍，以拓跋鮮卑為主的北魏一支，在道武帝天興元年（398 年）定都平城，進而終結北方各族自立門戶，統一北方紛亂的政治勢力開創新局。《魏書》記載當時平城是個地居於東至代郡（今河北蔚縣），西至善無（今山西右玉），南極陰館（今山西代縣），北盡參合（今山西陽高）等「四至」所圍繞的一個盆地，《魏書》其文記載如下：

天興初，制定京邑，東至代郡，西至善無，南極陰館，北盡參合，

爲畿內之田；……〔註6〕

平城地居眾山環峙，又有桑乾河流經區內，學者康樂認爲既與當時的盛樂都城相近的經濟生產型態，又利於農業經濟的發展，〔註7〕對於軍事攻防因山隘的險阻也可以得到較好的戰略地位。漢代時期人烟稀少，居住人口本是漢族爲主，東漢末年中原大亂，匈奴南擾造成原居於此地的漢族人民亡散殆盡，學者李憑指出魏晉時期更依序由匈奴、烏丸及鮮卑等北方游牧民族爲主在此活動。〔註8〕

北魏遷都於平城之後，因應移入的人口增加，對於京城供應所需的糧食及生活器用大爲增加。原有資源實不足以養民，於是道武帝時期即大量自河西、漠北及青州移民至平城，據馬長壽先生研究其在史書明確記載即有 14 次之多，〔註9〕在這些移民「以充京師」者之中，學者李憑研究指出除了鮮卑族自盛樂遷入的人口之外，還有來自自西域的降胡、統併後燕的部落及其民、山東六州、漠北部落等等百萬之眾。〔註10〕另外因開鑿雲岡所需的各式工匠人口，以及技藝百工等的遷入，使得在此民族組合更見多元化。且因北魏以統治者的威權，大舉移入來自各地人口，平城除爲北魏國都的政治中樞，亦是少數民族爲主要領導者的政治舞台。

北魏平城時期民族組成中，尚含有自西晉末年匈奴貴族劉淵於永安元年（304 年）建立漢國（318 年劉曜即位改爲趙，史稱前趙），在建興四年（316年）滅掉西晉開始，到北涼承和七年（439 年），拓跋鮮卑滅北涼後統一華北爲止，這一百多年間在北方由各民族所建立的政權間相互爭戰，並在爭戰之後由戰勝的一方獲得敗戰者的人口畜牲，形成一種文化碰撞式的民族融合模式，學者王仲犖認爲這些都成爲拓跋鮮卑統一北方各國時所併滅的北方部族，〔註11〕以及北魏開國君主——道武帝移民「以充京師」的民族之組成。

〔註6〕　魏收，《魏書》，卷一一○，《食貨志》，頁 2850。四至之東至代郡（今河北蔚縣），西至善無（今山西右玉），南極陰館（今山西代縣），北盡參合（今山西陽高），見宿白，〈盛樂、平城一帶的拓跋鮮卑——北魏遺跡——鮮卑遺跡輯錄之二〉，《文物》，1977 年 11 期，頁 42。

〔註7〕　康樂，《從西郊到南郊》，（台北：稻禾出版社，1995 年），頁 56～57。

〔註8〕　李憑，《北魏平城時代》，北京：社會科學文獻出版社，2000 年。頁 347。

〔註9〕　馬長壽，《烏桓與鮮卑》，桂林：廣西師範大學出版社，2006 年 6 月。頁 40～41。

〔註10〕李憑，《北魏平城時代》，頁 349～350。

〔註11〕王仲犖，《魏晉南北朝史》，上海：上海人民出版社，2003 年，頁 174～189。

〔註12〕

　　拓跋鮮卑於統一北方同時併滅納入了北方部族及降胡，並將這些部族大舉移民進入平城，以壯大自己的國力，並取得社會經濟發展所需要的各種的勞動人力，同時也促成了北方民族的融合。十六國時期來自各民族所成立的政權，在經過戰亂及政權的傾軋，又在北魏平城時期被移民到平城後，亦形同在北魏政權統治下所形成北方民族的融合。

　　至北魏孝文帝太和十八年（494 年）遷都洛陽爲止，〔註13〕北魏在平城經營近百年的時間，爲拓跋鮮卑崛起於草原文化的部落式統治集團，轉型至政治制度學習中原的漢族，並以繼起中原正統王朝自居的洛陽時期，重要的關鍵時期。

　　晉北地區的墓葬，以已有該墓（或墓群）出土報告發表者，其隨葬品種類經整理分析後，主要的組成也大有差異，如俑類的存在即大多爲漢族墓葬，而鮮卑族則多有陶實用明器的隨葬組成，游牧民族飲食實用器的銅鍑也存在於墓葬隨葬品中，更爲特殊者爲來自西方的玻璃器及銀盤的出土，現就各墓葬（群）概述及隨葬品分析如下：

一、破多羅太夫人墓

　　破多羅太夫人墓所屬墓群爲發現於大同市御河之東，在沙嶺村東北 1 公里的高地上，於 2005 年 7 月因取土廠而發現，已有 6 座墓葬遭到不同程度的破壞。經搶救性的發掘，計出土 2 座磚室墓，10 座土洞墓，破多羅太夫人墓爲墓群中唯一保存紀年文字漆畫和壁畫的一座磚室墓（編號爲 M7）。〔註14〕出土之漆皮文字記載墓主去世的時間，墓主人的身份，祔葬的時間及贊美詞。墓主史籍無記載，破多羅部是鮮卑的別種，於道武帝拓跋珪天興四年（401 年），抑或太武帝始光四年（427 年）遷到北魏首都平城。其墓壁畫是北魏時

〔註12〕《魏書》卷二〈太祖紀第二〉，頁 32。

〔註13〕遷都洛陽之原因於史記載爲孝文帝推行漢化政策，同時也爲了要鞏固其權力之統治，並去除在文明太后時期的舊勢力，見李憑，〈道武帝時期的大移民與雁北的開發〉，《北魏平城時期》，頁 363；另從平城地屬偏北，氣候寒冷且耕地有限，出產糧食本已不足，在大舉遷入河西及山東地區的屬民，人口的增加亦使糧食供應問題浮上枱面，這也不得不列爲國家發展的重要問題視之。

〔註14〕大同市考古研究所，〈山西大同沙嶺北魏壁畫墓發掘簡報〉，《文物》，2006 年 10 期，頁 4。

期迄今保存最完整的一座，並有大量破損的彩繪漆皮，以及鐵器、銅飾等物，內容列表如下：

表 2-1-1　破多羅太夫人墓出土物一覽表

種　　類	名　稱　及　數　量
明器	人物俑類：× 動物俑類：×
壁畫類	墓室壁畫及彩繪漆皮。
墓誌	×
其他	鐵器 1，銅帳鈎 1，銅泡釘 1，銅牌飾 1，銀圓飾 6。 漆耳杯 1 件。

龍如鳳製表

二、宋紹祖夫婦合葬墓

宋紹祖夫婦合葬墓位於大同市水泊寺鄉曹夫樓村東北 1 公里，西距大同市區 3.5 公里。位處馬舖山之南，御河以東的緩坡地帶，2000 年因雁北師院擴建工程在新徵土地實施文物鑽探而發掘的北魏墓群，墓群發現北魏墓葬磚室墓 5 座、土洞墓 6 座等共 11 座，其中唯一有文字記載並具精美房形石槨與壁畫，編號爲 M5 的墓葬爲宋紹祖夫妻合葬墓。

宋紹祖，在《北史》及《魏書》中均無記載，但由墓銘磚記載他爲敦煌人氏及考古報告資料，應與北魏平北涼後（439 年）由敦煌遷至平城的宋繇一族有密切關係。〔註 15〕其墓葬除使用房形槨外，隨葬品以陶俑爲數居多，總計 116 件，武士俑及騎俑俑等即佔了 60 件，應與其出身武將有關。其他如動物俑、模型明器及墓銘磚等均列表如下：

表 2-1-2　宋紹祖夫婦合葬墓出土物一覽表

種　　類	名　稱　及　數　量
明器	1. 鎮墓獸 1。 2. 人物俑類：鎮墓武士俑 2，甲騎具裝俑 26，雞冠帽武士俑 32，男俑三式 45，女俑 6，胡俑 4，總計 116 件。

〔註 15〕大同市考古研究所，劉俊喜主編，《大同雁北師院北魏墓群》，（北京：文物出版社，2008 年）。頁 163。

	3. 動物俑類：馬 12，馱糧驢 2，牛 4，.陶車 6，駱駝 1，豬 1，羊 2，狗 2，總計 30 件。 4. 罐 1。 5. 碓 1，井 1，灶 1，磨 1。
壁畫類	×
墓誌	墓銘磚。
其他	石供桌 1 個，石板一塊，銀鐲一副，鐵製小鏡 1 面，琥珀飾件 3 個，陶質小碟 3 個，漆盤 2。

龍如鳳製表

三、司馬金龍夫婦合葬墓

司馬金龍夫婦墓發掘於山西大同市東南約 13 里，石家寨村西南 1 里許，大同至渾源公路的西側。西距御河 10 里，北靠馬舖山，東、南為廣潤平原。1965 年 11 月因農田基本建設打井時發現，因天寒地凍而於 1966 年發掘。該墓早期被盜過，其墓葬具有明確紀年的墓誌出土。據墓葬所出之三塊墓誌記載，確認墓主為司馬金龍與其妻姬辰的夫妻合葬墓。墓誌銘年代記載司馬金龍入葬為北魏太和八年（西元 484 年），另附其妻姬辰墓誌記載則為北魏延興四年（西元 474 年）。〔註16〕

墓主司馬金龍是晉宣帝司馬懿弟司馬馗的九世孫，於《魏書》中依附其父司馬楚之有一段記載，〔註 17〕墓葬出土物最大宗為陶俑類，數量多達 300多件，以及石棺，漆畫屏風，青瓷唾壺等等。

就出土之陶俑種類而言有人物騎馬俑、儀仗俑、侍僕俑、以及動物俑之雞、牛、馬、羊、豬、駱駝等動物俑等類明器，但未見西晉以來常見的廚灶井廁等庖廚操作類等。出土陶俑，多有鮮卑服飾如披風騎馬俑及武士俑等，以襯托墓主武將出身的事實。〔註18〕內容列表如下：

〔註16〕 山西省大同市博物館、山西省文物工作委員會，〈山西大同石家寨北魏司馬金龍墓〉，《文物》，1972 年 3 期。頁 20～33。

〔註17〕 《魏書》，卷三十七，〈司馬楚之傳〉，頁 857。

〔註18〕 山西省大同市博物館，〈山西大同石家寨司馬金龍墓〉，《文物》，1972 年 3 期，頁 20～33。

表 2-1-3　司馬金龍夫婦合葬墓出土物一覽表

種　　類	名　稱　及　數　量
明器	1. 鎮墓獸 1。 2. 人物俑類：武士俑 122，騎馬武士俑 88，男俑 2 式 113，女俑 2 式 17，胡俑 8，女樂俑 12，總計 367 件。 3. 動物俑類：馬 17，牛 5，羊 2，豬 2，狗 2，雞 1，駱駝 3，總計 50 件。 4. 青瓷唾壺，漆食槅，灰陶壺，釉陶器蓋，釉陶器座。
壁畫類	漆屏風板
墓誌	3 件。
其他	1. 鐵馬鐙，鐵鍋，鐵剪。 2. 木枕，木盆架，木傘頂，木獸頭，木欄杆，木圓圈。 3. 石硯台，石燈座，石雕柱以及小料珠，小骨片，小銅片，竹竿等雜項物品。

龍如鳳製表

四、智家堡北魏墓石槨壁畫

　　墓葬位於大同城南智家保村北沙場的高坡上，東臨御河（北魏時稱如渾水），西北距大同市殯儀館 120 米，北距明清大同城南城牆 4 公里餘，正北方向 1850 米處是北魏平城明堂遺址。1997 年 6 月沙場在此剝離表土時由推土機鏟出，墓葬因被施工破壞及民工盜取遺物一空，現存石槨及追回一件銅鍑。石槨多繪忍冬紋、卷草紋及蓮花等裝飾，考古出土報告撰寫人依據人物冠服、裝飾紋樣、車輿榻帳等判斷為北魏時期墓葬。〔註 19〕內容列表如下：

表 2-1-4　智家堡北魏墓石槨壁畫出土物一覽表

種　　類	名　稱　及　數　量
明器	人物俑類：× 動物俑類：×
壁畫類	彩繪石槨。
墓誌	×
其他	銅鍑 1。

龍如鳳製表

〔註 19〕　王銀田，劉俊喜，〈大同智家堡北魏墓石槨壁畫〉，《文物》，2001 年 7 期，頁 50。

五、湖東北魏一號墓

墓葬距大同市東南約 16 公里，位於大同杜庄鄉常勝村北 1.4 公里，西臨御河（北魏稱如渾水），南面是桑乾河，西北與安留庄大准鐵路北魏墓群相隔 1.8 公里，北距司馬金龍墓約 7 公里。1986 年因大同縣大秦鐵路湖東編組站基本建設，考古鑽探發現而實施搶救性的發掘清理，墓葬已被工程建設破壞及早期盜擾嚴重，一號墓位於此一墓葬區的西面，經搶救及清理出遺物 40 件，多爲棺、槨外表裝飾構件。據考古出土報告內容指出，出土之木棺爲大頭小尾式，此式在扎賚諾爾鮮卑墓及南遷盛樂的美岱北魏墓葬中，北魏平城近郊北魏木棺多爲此一形制，棺木彩繪裝飾以傳自西域的聯珠紋，及卷草紋的紋飾，木棺的形制具有極濃厚的鮮卑風格。〔註20〕內容列表如下：

表 2-1-5　湖東北魏一號墓出土物一覽表

種　　類	名　稱　及　數　量
明器	人物俑類：× 動物俑類：×
壁畫類	漆棺板。
墓誌	×
其他	1. 鎏金銅牌飾 1，蓮花化生銅飾件 1，鎏金銅鋪首 1，鎏金銅釘帽 1，鎏金鉛錫釘帽 1，銅條飾件。 2. 鐵器（棺釘 20 餘枚，棺環 8）。 3. 弓弭 4。 4. 漆盤 2。

龍如鳳製表

六、智家堡北魏墓棺板畫

墓葬出土於智家堡沙場的高坡地帶，東臨御河，北距北魏明堂辟雍遺址 1840 米，墓葬遭到機械破壞及人爲盜擾，1997 年因考古調查時發現，經搶救清理，該墓葬爲斜坡墓道土洞墓，現場清理及收拾出具有鮮卑風格的彩繪棺板 3 塊，均爲松木質。〔註21〕列表如下：

〔註20〕山西省考古研究所，〈大同湖東北魏一號墓〉，《文物》，2004 年 12 期，頁 26～34。

〔註21〕劉俊喜，高峰〈大同智家堡北魏墓棺板畫〉，《文物》，2004 年 12 期，頁 35～47。

表 2-1-6　智家堡北魏棺板墓出土物一覽表

種　　類	名　稱　及　數　量
明器	人物俑類：×
	動物俑類：×
壁畫類	松木質彩色繪畫棺板 3 塊。
墓誌	×
其他	×

龍如鳳製表

七、文明皇后墓（方山永固陵）

　　方山永固陵爲北魏文成帝文明皇后馮氏陵墓，位於大同城北 25 公里鎮川公社附近的西寺兒梁山（古稱方山）的南部，爲磚砌多室墓，是見於文獻記載（太和十四年——490 年）的北魏早期墓。1976 年 4～5 月由大同市博物館及山西省文物工作委員會發掘清理，文明太后馮氏本是長樂信都人，爲北燕馮朗之女，因鮮卑破北燕而成爲罪孥進入宮廷，但因婚姻而成爲鮮卑族的貴族，〔註 22〕且馮氏兩次當權，是北魏平城時期極具影響力的女政治家。方山永固陵雖貴爲北魏文成帝文明皇后馮氏陵墓，於文明皇后當權時即已營建，但因多次盜擾，陪葬明器多已殘破不全。

　　僅存之隨葬組成以石雕爲主，以及少許銅器、鐵器及骨器等。其內容列表如下：

表 2-1-7　文明皇后墓（方山永固陵）出土物一覽表

種　　類	名　稱　及　數　量
明器	人物俑類：不明
	動物俑類：不明
壁畫類	×
墓誌	×

〔註 22〕《魏書》卷一三〈皇后列傳第一〉，文明太后本爲長樂信都人，是北燕馮朗之女。另參見李憑，《北魏平城時代》，在〈第四章太后聽政〉探討文明太后在 8 歲以前入宮，而最初的身份只是一名罪孥，頁 225～226。

其他	1. 石雕（拱形門楣，門框石門柱，虎頭門墩，武士俑，獸殘腿（疑爲鎮墓獸），石模型器。 2. 骨簪，骨蓋，料環，殘陶器片，殘瓷片——小香爐及白釉雙耳罐。 3. 銅器（銅簪，銅馬腿）。 4. 鐵器（鐵箭鏃，鐵矛頭，鐵錐形器）。

龍如鳳製表

八、下深井北魏墓

　　下深井北魏墓位於大同市陽高縣下深井鄉，北距縣城 25 公里，西距下深井村 1 公里，1999 年 11 月因農田基本建設中發現，爲斜坡墓道單室墓，墓葬早年被盜，已被破壞及盜擾嚴重並未發現可供斷代的紀年文字資料，依據墓葬形制及墓葬器物比對與以往出土北魏墓相同，時代性明顯。〔註 23〕人物俑服飾造型與大同宋紹祖墓（477 年）和司馬金龍墓（484 年）釉陶俑相似，而此類著鮮卑裝陶俑的年代應爲孝文帝改服飾的太和十八年（494 年）以前。墓葬出土物列表如下：

表 2-1-8　下深井北魏墓出土物一覽表

種　　類	名　稱　及　數　量
明器	1. 人物俑類：侍者俑 4。 2. 動物俑類：狗 1，羊 2，豬 2，總計 5。 3. 陶壺 3，陶罐 2，總計 5。
壁畫類	×
墓誌	×
其他	1. 石燈 1。 2. 銅鎏金鏤空人龍紋飾 1，銅鎏金帽釘 2，銅鑷子 1。 3. 漆盤 1，漆耳杯 3。

龍如鳳製表

九、電銲廠北魏墓群

　　墓群位於山西省大同市城南 3 公里的紅旗村至七里村一帶，即御河（古

如渾河）與十里河（古武周川水）交滙處，1988 年 8～11 月由山西省考古研究所和大同市博物館聯合發掘清理。墓群業經發掘 167 座墓葬，類型及數量可分爲豎穴土壙墓 17 座、豎井式短墓道土洞墓 54 座、長斜坡墓道土洞墓 95 座和磚室墓 1 座等共四大類。墓葬分布密集，排列有序，墓葬形式多樣，出土器物豐富，唯未發現任何有紀年文字的資料。〔註24〕

　　墓群中隨葬組成的文化特徵、器物演變規律一致，主要種類爲陶實用明器，如卷沿陶罐、平沿陶罐、盤口陶罐、戳刺紋陶罐、直口陶罐、平沿陶壺、盤口陶壺、陶盆、陶缽、釉陶器等，數量高達 748 件，內容列表如下：

表 2-1-9　電銲廠北魏墓群出土物一覽表

種　類	名　稱　及　數　量
明器	1. 鎮墓獸：× 2. 人物俑類：× 3. 動物俑類：× 4. 卷沿陶罐、平沿陶罐、盤口陶罐、戳刺紋陶罐、直口陶罐、平沿陶壺、盤口陶壺、陶盆、陶缽、釉陶器等總計 748 件。
壁畫類	棺板彩畫 3 幅，漆器及殘片少許
墓誌	×
其他	1. 銅器（含飾件）188 件。 2. 金首飾 14 件，銀器及首飾 16 件，玉飾珠類 69 件，鐵器飾物 27 件。 3. 銅鍑 1 件（採集品）。 4. 石灯。 5. 小件器物如銅面飾、帶扣及帶飾，金、銀、銅、錫質與玉、石、骨、漆類等裝飾品。 6. 外來器物：玻璃碗 1 件，鎏金刻花銀碗 1 件。

龍如鳳製表

十、迎賓大道北魏墓群

　　墓群位於大同市東側，西側爲御河，齊家坡村東南約 1 公里的高坡台地上，2002 年 8 月由大同市考古研究所配合新建迎賓大道建設中，在文物勘探作業中所發現。經發掘並清理後，屬於北魏時期墓葬計 75 座，墓葬形制複雜

〔註24〕 山西省考古研究所，大同市博物館，〈大同南郊北魏墓群發掘簡報〉，《文物》，1992 年 8 期，頁 1～11。

多樣，豎穴、土洞、磚室墓均有，而以土洞墓 62 座佔比例較大，所出土木棺全部爲大頭小尾式，此式亦見於扎賚諾爾鮮卑墓及南遷盛樂的美岱北魏墓葬。出土之明器以平沿罐、矮頸盤口罐與細頸壺爲主，石灯、骨弓弭、鐵鏡、鐵釜、銅帶扣、下頦托等器物常見出土於大同北魏墓葬中。〔註 25〕出土物 421件，列表如下：

表 2-1-10　迎賓大道北魏墓群出土物一覽表

種　　類	名 稱 及 數 量	備　　註
明器	1. 鎮墓獸：× 2. 人物俑類：× 3. 動物俑類：× 4. 平沿罐、矮頸盤口罐與細頸壺等居多。	總計出土物 421 件（唯出土報告未載明各類數量）
壁畫類	×	
墓誌	×	
其他	金銀器，銅器，鐵器，石器，骨器，玻璃器，玉器，玉石料器，漆器。	

龍如鳳製表

十一、金屬鎂廠北魏墓群

金屬鎂廠北魏墓群，位於大同市城南，東靠御河，西臨工農路，南距七里村 1.5 里的緩坡台地上。1995 年 4 月因大同市金屬鎂廠在建廠工程中發現，經發掘清理出 10 座墓葬，爲磚室墓 9 座及土洞墓 1 座。並發現墓誌殘片，考古出土報告中指出依其字體風格及「宿光明」文字，墓主是否據文獻記載即北魏孝文帝實行漢化政策時，將鮮卑內遷部落宿六斤氏改爲宿姓者，尚待進一步查考。〔註 26〕木棺爲大頭小尾式，此式在扎賚諾爾鮮卑墓及南遷盛樂的美岱北魏墓葬中，北魏平城近郊北魏木棺多爲此一形制，陶器上的紋飾既有鮮卑早期文化即有的暗紋、水波紋，又有接受中原和西方文化影響的忍冬紋，依墓銘磚斷定該墓群的時代上限不會早於建都平城初期，下限在遷都洛陽前

〔註 25〕 大同市考古研究所，〈山西大同迎賓大道北魏墓群〉，《文物》，2006 年 10 期，頁 50～71。

〔註 26〕 韓生存，曹承明，胡平〈大同城南金屬鎂廠北魏墓群〉，《中國考古集成　華北卷　北京市、天津市、河北省、山西省　魏晉至隋唐（一）》（瀋陽：哈爾濱出版社，1994），頁 888～895。原載於北朝研究 1996 年 1 期。

後，亦即北魏平城期的中後期。〔註27〕內容列表如下：

表 2-1-11　金屬鎂廠北魏墓群出土物一覽表

種　　類	名　稱　及　數　量
明器	1. 鎮墓獸：× 2. 人物俑類：× 3. 動物俑類：× 4. 陶罐 6，醬釉鳥首陶壺 1，釉陶罐 1。
壁畫類	×
墓誌	×
其他	陶燈台，化身童子瓦當，石燈，石柱礎，長方形石，鐵缽。

龍如鳳製表

十二、齊家坡北魏墓

齊家坡北魏墓位於大同市城東，御河東岸齊家坡村東南 1 公里的緩坡台地上。1993 年 4 月大同市博物館爲配合大同市木材廠新建工程，搶救性發掘出土，爲單室土洞墓。墓葬未見墓主之文字記載，依出土之木棺，爲大頭小尾式，此式在扎賚諾爾鮮卑墓及南遷盛樂的美岱北魏墓葬中，北魏平城近郊北魏木棺多爲此一形制，且就容器及用於棺木裝飾的裝飾品，具有極濃厚的鮮卑風格。〔註28〕內容列表如下：

表 2-1-12　齊家坡北魏墓群出土物一覽表

種　　類	名　稱　及　數　量
明器	1. 鎮墓獸：× 2. 人物俑類：× 3. 動物俑類：× 4. 釉陶器：數量未記載。
壁畫類	×
墓誌	×

〔註27〕韓生存，曹承明，胡平〈大同城南金屬鎂廠北魏墓群〉，頁 888～895。原載於北朝研究 1996 年 1 期。

〔註28〕王銀田，韓生存〈大同市齊家坡北魏墓葬發掘簡報〉，《文物季刊》，1995 年 1 期（大同，1995.），頁 14～18。

| 其他 | 銅舖首銜環，銅泡釘，銅釧，貨幣，金鈴，金飾片，銀笄，銀指環，銀環，鐵棺環，鐵鏡，土器，泥餅，穀子（已碳化），項鏈等。 |

龍如鳳製表

十三、七里村北魏墓群

墓群位於大同城南 3.5 公里的七里村以北，東鄰智家堡北魏石槨壁畫墓 1.2 公里，北距北魏平城明堂遺址 3 公里，是御河（古如渾河）與十里河（古武周川水）交滙處。2001 年 5 月，在大同城南變電站工程建設中，經文物勘探發現之墓群，墓群發掘墓葬 34 座，使用木棺者之形制為大頭小尾式，此式在扎賚諾爾鮮卑墓及南遷盛樂的美岱北魏墓葬中，北魏平城近郊北魏木棺多為此一形制，具有極濃厚的鮮卑風格。〔註 29〕墓群之中另見出土墓銘磚 4 件，具有準確紀年記載為：北魏太和八年（484 年）。

出土各類器物約 300 件，主要隨葬品種類為陶容器，如平沿壺、平沿罐、盤口罐、直領罐、戳刺紋罐、單耳罐、陶盆等類。並已有陶俑，及具有定居並實施農耕為經濟活動象徵，如碓、磨、井及灶等。

玻璃器原為傳自西方的工藝技術，在此墓群出土之玻璃器 2 件，具有鮮卑族特有的造型及暗紋裝飾，此物以典型北魏傳統造型製作，即為玻璃製作工藝已成為普遍的技藝，據《北史》記載有關玻璃製作的文獻如下：

> 太武時，其國人商販京師，自云能鑄石為五色琉璃，於是採石於山中，與京師鑄之。既成，光澤乃美於西方來者。乃詔為行殿，容百餘人，光色映澈，觀者見之，莫不驚駭，以為神明所作。自此，國中瑠璃遂賤，人不復珍之。〔註 30〕

七里村的墓葬隨葬組成特色在於種類多元，既有早期鮮卑的特色，同時又融合著以鮮卑傳統造型，與自西方傳入的琉璃器工藝結合，形成吸納外來的技術而發展自身造型特色的情形。另外，本墓群雖是具有鮮卑族特徵，但出土之墓銘磚記載墓主為「投代客」身份，〔註 31〕即亦證明此一墓群不僅是

〔註 29〕大同市考古研究所，〈山西大同七里村北魏墓群發掘簡報〉，《文物》，2006 年 10 期，頁 25～49。

〔註 30〕唐李百藥《北齊書》，卷九十七，〈列傳第八十五〉，頁 3226。

〔註 31〕康樂，《從西郊到南郊》，頁 76～79。北魏的「客」是種極為特殊的身分，既被北魏政權所尊重，但又非鮮卑本族，多為其他少數民族的酋長或部族領導者。

時間延續期長，族群組成的更見多元。內容列表如下：

表 2-1-13　七里村北魏墓群出土物一覽表

種　　類	名　稱　及　數　量
明器	1. 鎮墓獸：✕ 2. 人物俑類：陶俑 11 件。 3. 動物俑類：豬俑 2 件，狗俑 2 件。 4. 平沿壺 17，平沿罐 21，盤口罐 37，直領罐 22，戳刺紋罐 3，單耳罐 3，陶盆 2，陶灯 3，平沿壺 3，盤口罐 7，尊 1，總計 119 件。 5. 碓 2 件，磨 1 件，井 1 件，灶 2 件。
壁畫類	✕
墓誌	墓銘磚 4。
其他	1. 玻璃器 2 件。 2. 石灯 3 件，石磨盤 1 件，石帳礎 4 件。 3. 鐵錘 2 件，鐵灯 1 件，鐵鑷 1 件，銅鉛飾 34 件，銅舖首 13 件，銅泡釘 46 枚，鉛帳鈎 6 件，小銅漏 1 件，小銅刀 2 件，小銅刀 2 件，小銅剪 1 件。 4. 玉石料器 12。 5. 金銀飾件 4。 6. 漆器 14。 7. 墓磚模印紋樣三式。

龍如鳳製表

十四、封和突墓

　　墓葬位於大同市西五公里處的小站村花圪塔台，南臨同雲公路，西半公里許即武周山麓。1981 年 9 月，因大同駐軍某部工程兵為進行演習深掘溝塹而發現，墓葬由墓道、甬道和前后墓室組成之磚室墓。墓葬出土物除鐵棺環、鐵棺釘、鐵花棺飾件、石燈台、墓誌、青瓷片、陶片及鐵斧、鐵鎬等，尚有外來物之鎏金波斯銀盤、高足銀杯等。據墓誌所記載，墓主封和突死於景明二年（501 年），又在正始元年（504 年）遷葬於發掘地。〔註32〕

　　其人未見其記載於《魏書》中，墓誌雖未記載其族屬，但依姓名可考證

〔註32〕大同市博物館，〈大同小站村花圪台北魏墓清理簡報〉，《文物》，1983 年 8 期，頁 1～4。

其為鮮卑族。且墓誌記載其為恒州代郡平城人，北魏封氏其墓誌記載其為生於武帝時，經文成、獻文、孝文、宣武帝諸代，亦隨北魏遷都洛陽，封和突死於景明二夫（501 年），又在正始元年（504 年）遷葬於發掘地，是一座小座墓葬。

墓葬隨葬品除常見之陶瓷片，石燈台及鐵器外，另有來自西方的鎏金波斯銀盤，高足銀杯等，是北魏當時與中亞地區交流往來之實物證據。內容列表如下：

表 2-1-14　封和突墓出土物一覽表

種　類	名　稱　及　數　量
明器	1. 鎮墓獸：× 2. 人物俑類：× 3. 動物俑類：×
壁畫類	松木質彩色繪畫棺板 3 塊。
墓誌	×
其他	1. 鐵棺環，鐵棺釘，鐵花棺飾件 2. 石燈台。 3. 青瓷片，陶片及鐵斧，鐵鎬等。 4. 外來器物：鎏金波斯銀盤，高足銀杯。

龍如鳳製表

十五、元淑墓

元淑墓出土於山西大同市南方的小南頭鄉王庄村西北 1.5 公里，北距水泊寺鄉石家寨村 1.5 公里，西北距大同市區 6 公里。1984 年 3 月因農民挖土發現，是座有高大封土的磚券單室墓。墓室西側磚砌棺床，出土器物包括陶器、石器、木器、竹器、銅器、鐵器、骨器等數十件及大量陶片等，據墓誌記載墓主為北魏昭成皇帝什翼犍曾孫常山康王元素之子，名淑，字買仁，〔註 33〕在《北史》卷十五有傳。〔註 34〕墓葬出土物內容列表如下：

〔註 33〕 大同市博物館，〈大同東郊北魏元淑墓〉，《文物》，1989 年 8 期，頁 57～65。
〔註 34〕 《北史》，卷十五，〈列傳第三・魏諸宗室〉，北京；中華書局，1974 年，2006 年重印，頁 573。

表 2-1-15　元淑墓出土物一覽表

種　　類	名　稱　及　數　量
明器	1. 鎮墓獸：✕ 2. 人物俑類：✕ 3. 動物俑類：✕ 4. 帶把陶壺 4 件，陶壺 1 件，陶器蓋 3 件，陶六足碗，陶缽 1 件，陶匙 3 件。
壁畫類	✕
墓誌	1 通。
其他	1. 石托杯 1 套，殘竹條 8 根。 2. 木雕鳩鳥 1 件，木架形器 1 件，圓形細木條數十根，小骨環 2 件，銅錢 7 枚， 3. 小銅箍 3 件，鐵合頁 3 件，小鐵環 1 件，鐵棺釘近 20 枚。

龍如鳳製表

十六、方興墓

　　墓葬僅存僅存兩片石棺幫板及石碣，於 1976 年山西省榆社縣河峪鄉河窊村農民整修梯田時發現。依石碣所記墓主曾任太守，名方興。〔註 35〕內容列表如下：

表 2-1-16　方興墓出土物一覽表

種　　類	名　稱　及　數　量
明器	1. 鎮墓獸：✕ 2. 人物俑類：✕ 3. 動物俑類：✕
壁畫類	石棺幫板 2 塊。
墓誌	石碣。
其他	✕

龍如鳳製表

〔註 35〕王太明、賈文亮，〈山西榆社縣發現北魏畫像石棺〉，《考古》，1993 年 8 期，頁 767。

第二節　墓主身份及族屬

在晉北地區出土北朝墓葬，尤其平城地區出土，數量雖多達數百座，唯具有明確文字記載的墓主爲數不多，且多數被盜擾，仍提供吾人研究北朝時期民族融合進程的實物資料。通過墓葬出土之墓誌表明墓主身份者爲：司馬金龍夫婦、宋紹祖夫婦、文明皇后馮氏、封和突、元淑及方興等，依據墓葬壁畫文字表明墓主身份者爲破多羅太夫人，茲就墓主姓名確定且史籍有記載者作一說明，其次就未有姓名記載之北朝墓葬墓主作一簡述。

一、墓主姓名明確

晉北地區出土墓葬，依據墓葬出土之墓誌等物，明確記載墓主姓名者有司馬金龍夫婦、宋紹祖夫婦、文明皇后馮氏（方山永固陵）、封和突、元淑、方興、破羅太夫人等墓主。茲各別說明如下：

（一）司馬金龍夫婦

據墓葬出土之三塊墓誌記載墓主爲司馬金龍與其妻姬辰的夫妻合葬墓，墓誌銘年代記載司馬金龍入葬爲北魏太和八年（484 年），另附其妻姬辰墓誌記載則爲北魏延興四年（474 年）。據墓主司馬金龍簡短附於其父親北魏大將軍司馬楚之本傳所述：

> 楚之後尚諸王女河內公主，生子金龍，字榮則。少有父風。初爲中書學生，入爲中散。顯祖在東宮，擢爲太子侍講。後襲爵。拜侍中、鎮西大將軍、開府、雲中鎮大將、朔州刺史。徵爲吏部尚書。太和八年薨。贈大將軍、司空公、冀州刺史、諡康王。〔註36〕

依據墓誌銘再參照史書，可知司馬金龍的出身和世系其爲東晉名將司馬睿之弟司馬馗的九世孫，據《魏書》記載知其父司馬楚之爲逃劉裕誅滅司馬氏族之禍而奔魏，之後受世祖徵爲安南大將軍並封爲瑯琊王，成爲貴族，而見諸《魏書》中就司馬金龍所述，可見其已是漢人投入鮮卑族政權的第二代，且受到重用，並能以其爵襲後。〔註37〕

〔註36〕《魏書》，卷三十七，〈司馬楚之傳〉，頁857。
〔註37〕 胡志佳，《門閥士族時代下的司馬氏家族》，台北市：文史哲出版社，民國94年8月，頁228～229

（二）宋紹祖夫婦

宋紹祖，在《北史》及《魏書》中均無記載，但由墓銘磚記載他爲敦煌人氏，以及考古報告資料，學者劉俊喜認爲應與北魏平北涼後（439 年）由敦煌遷至平城的宋繇一族有密切關係。〔註 38〕

（三）文明皇后馮氏（方山永固陵）

方山永固陵爲北魏文成帝文明皇后馮氏陵墓，文明太后馮氏本是長樂信都人，爲北燕馮朗之女，因鮮卑破北燕而成爲罪孥進入宮廷，但因婚姻而成爲鮮卑族的貴族，〔註 39〕且馮氏兩次當權，是北魏平城時期極具影響力的女政治家。

（四）封和突

其人未見其記載於《魏書》中，墓誌雖未記載其族屬，但依姓名可考證其爲鮮卑族。且墓誌記載其爲恒州代郡平城人，北魏封氏其墓誌記載其爲生於武帝時，經文成、獻文、孝文、宣武帝諸代，亦隨北魏遷都洛陽，封和突死於景明二夫（501 年），又在正始元年（504 年）遷葬於發掘地，是一座小座墓葬。

（五）元　淑

依墓誌記載，元淑字買仁，諡曰靖，是北魏昭成皇帝什翼犍曾孫常山康王元素之子。官至使持節、平北將軍、肆朔燕三州刺史、平城鎮將，屬鮮卑族。在《北史》卷十五有傳，記載如下：

> 淑，字買仁。彎弓三百斤，善騎射。孝文時，爲河東太守。〔註40〕

且依其墓誌又記載其爲洛陽籍，當時正是魏孝文帝遷都洛陽，推行漢化政策時期，同時令一律以洛陽爲籍，墓誌正印證史籍所書。

（六）方　興

出土於山西省榆社縣方興石棺，僅存兩片石棺幫板及石碣，依石碣所記

〔註38〕大同市考古研究所，劉俊喜主編，《大同雁北師院北魏墓群》，（北京：文物出版社，2008 年）。頁 163。

〔註39〕《魏書》，卷一三，〈皇后列傳第一〉，文明太后本爲長樂信都人，是北燕馮朗之女。另參見李憑，《北魏平城時代》，北京：社會科學文獻出版社，2000 年。頁 225～226，在〈第四章太后聽政〉探討文明太后在 8 歲以前入宮，而最初的身份只是一名罪孥。

〔註40〕《北史》，卷十五，〈列傳第三·魏諸宗室〉，北京：中華書局，1974 年，2006年重印，頁 573。

墓主曾任太守，名方興，是地方上的小官吏，史書未見其記載。石棺幫板具有鮮卑族頭大尾小的特色，推其族屬應爲鮮卑族。

（七）破羅太夫人

所屬墓群爲發現於大同市御河之東，在沙嶺村東北 1 公里的高地上，計有 2 座磚室墓，10 座土洞墓，破多羅太夫人墓爲墓群中唯一保存紀年文字漆畫和壁畫的一座磚室墓（M7）。〔註41〕依墓葬出土之漆皮文字記載墓主去世的時間、墓主人的身份、祔葬的時間及贊美詞。破多羅部是鮮卑的別種，於道武帝拓跋珪天興四年（401 年）抑或太武帝始光四年（427 年）遷到北魏首都平城的。

二、墓主姓名不明

以上所述墓主，係在墓葬出土具有墓誌記載其姓名，或書寫文字資料之出土物，可資比對墓主身分者。平城地區爲數眾多的北朝墓葬，仍是以未具文字記載者爲多，這些未具名的墓葬墓主則以發現地點作爲墓名，這些墓葬有個別出土者，或群聚多達 200 座墓葬出土的墓群。依其出土物特徵，如與呼和浩特盛樂時期相同的鮮卑族陶容器，及使用的頭大尾小棺以及鮮卑服飾的圖像等，這些墓葬的墓主即便不是鮮卑族，也應是拓跋鮮卑統一北方諸民族所併滅的部族，與鮮卑族關係甚爲密切，這些墓主所屬墓葬如下：

（一）智家堡北魏墓石槨壁畫

墓葬隨葬物多被掠奪，只追回一只銅鍑，上書文字“白兵三奴”銘文，銅鍑是北方游牧民族用作炊爨飲食之用。墓葬之石槨由數十塊砂岩組成，石槨壁繪有墓主夫婦坐像墓葬，此一風格流行於南北朝時期，依據壁畫中繪製人物冠服、裝飾紋樣、車輿榻帳等內容，爲北魏時期。〔註42〕

（二）湖東北魏一號墓

位於大同縣大秦鐵路湖東編組站東北面的一處北魏墓葬，一號墓是該墓地中規模最大者。墓葬因盜擾及滲水等致墓頂坍塌，墓後室置一棺一槨，棺、

〔註41〕大同市考古研究所，〈山西大同沙嶺北魏壁畫墓發掘簡報〉，《文物》，2006 年 10 期，頁 4。

〔註42〕王銀田，劉俊喜，〈大同智家堡北魏墓石槨壁畫〉，《文物》，2001 年 7 期，頁 40～51。

槨形制前寬後窄、前高尾低，木棺內葬男性屍骨一副。

墓葬未現文字記載，依其鮮卑特色之隨葬組成，墓主為鮮卑族。

（三）智家堡北魏墓棺板畫

發現於大同市區南 1.5 公里處智家堡村北的沙場內，墓葬已被盜擾及破壞，搶救及清理出具有鮮卑風格的松木質彩繪棺板 3 塊。

（四）下深井北魏墓

位於大同市東側之陽高縣下深井鄉，墓葬早年被盜，已被破壞及盜擾嚴重，並未發現可供斷代的紀年文字資料。依據墓葬形制及墓葬器物比對，如陶俑之頭載鮮卑帽，身著紅交領袍衫，黑裙，皆是鮮卑裝，裝束和雲岡石窟一、二期供養人像及宋紹祖、司馬金龍墓等相近，即與以往出土北魏墓相同，時代性明顯。〔註43〕

墓群墓葬未現文字記載，依葬俗之一致性，及鮮卑特色之隨葬組成，墓主為鮮卑族。

（五）電銲廠北魏墓群

墓群業經發掘 167 座墓葬，類型及數量可分為豎穴土壙墓 17 座、豎井式短墓道土洞墓 54 座、長斜坡墓道土洞墓 95 座和磚室墓 1 座等共四大類。墓葬分布密集，排列有序，墓葬形式多樣，出土器物豐富，唯未發現任何有紀年文字的資料。

墓群墓葬未現文字記載，依葬俗之一致性，及鮮卑特色之隨葬組成，墓主為鮮卑族。

（六）迎賓大道北魏墓群

墓群位於大同市東側，西側為御河，發掘並清理後，屬於北魏時期墓葬計 75 座，墓葬形制複雜多樣，豎穴、土洞、磚室墓均有，而以土洞墓 62 座佔比例較大，以出土木棺全部為大頭小尾式，此式在扎賚諾爾鮮卑墓及南遷盛樂的美岱北魏墓葬。出土之陶器以平沿罐、矮頸盤口罐與細頸壺為主，石灯、骨弓弭、鐵鏡、鐵釜、銅帶扣、下頦托等器物常見出土於大同北魏墓葬中。〔註44〕

〔註43〕 大同市考古研究所，〈山西大同下深井北魏墓發掘簡報〉，《文物》，2004 年 6 期，頁 29～34。

〔註44〕 大同市考古研究所，〈山西大同迎賓大道北魏墓群〉，《文物》，2006 年 10 期，

墓群墓葬未現文字記載，依葬俗之一致性，及鮮卑特色之隨葬組成，墓主為鮮卑族。

（七）金屬鎂廠北魏墓群

位於大同市城南，東靠御河，西臨工農路，西距七里村 1.5 公里的緩坡台地上。墓群發掘 10 座墓葬，為磚室墓 9 座及土洞墓 1 座。並發現墓誌殘片，依其字體風格及「宿光明」文字，墓主是否據文獻記載即北魏孝文帝實行漢化政策時，將鮮卑內遷部落宿六斤氏改為宿姓者，尚待進一步查考。木棺為大頭小尾式，此式在扎賚諾爾鮮卑墓及南遷盛樂的美岱北魏墓葬中，北魏平城近郊北魏木棺多為此一形制，陶器上的紋飾既有鮮卑早期文化即有的暗紋、水波紋，又有接受中原和西方文化影響的忍冬紋。

此墓群之墓葬未出土文字之記載，依墓葬隨葬品呈現相同之葬俗且鮮卑文化濃厚，墓主應為鮮卑族。

（八）齊家坡北魏墓

位於大同市南郊小南頭鄉齊家坡，即大同市東，御河東岸齊家格東南，墓葬未見墓主之文字記載，依出土之木棺，為大頭小尾式，此式在扎賚諾爾鮮卑墓及南遷盛樂的美岱北魏墓葬中，北魏平城近郊北魏木棺多為此一形制，且就容器及用於棺木裝飾的裝飾品，具有極濃厚的鮮卑風格。〔註45〕

（九）七里村北魏墓群

墓群發掘墓葬 34 座，使用木棺者之形制為大頭小尾式，此式在扎賚諾爾鮮卑墓及南遷盛樂的美岱北魏墓葬中，北魏平城近郊北魏木棺多為此一形制，具有極濃厚的鮮卑風格。出土墓銘磚 4 件，係使用於墓葬年代為：北魏太和八年（西元 484 年）之隨葬品，學者張志忠由此墓銘磚有「仇池國投代客」文字記載，是為拓跋鮮卑所併滅的氐族實證。〔註46〕

第三節　小　結

晉北地區出土之北朝墓葬，多集中在平城地區（現山西省大同市）出土，

頁 50～71。

〔註45〕王銀田，韓生存〈大同市齊家坡北魏墓葬發掘簡報〉，《文物季刊》，1995 年 1 期，頁 14～18。

〔註46〕張志忠，〈大同七里村北魏楊眾慶墓磚銘析〉，《文物》，2006 年 10 期，頁 82～85。

大同地區出土各墓葬分佈如圖 2-3-1 所示。尤其以在平城地區南郊，出土之鮮卑平民墓葬較多，葬俗多呈一致性的情況，例如多見與北魏定都盛樂時期相同之陶容器隨葬，棺木爲頭大尾小式等等。

圖 2-3-1　大同地區出土北朝墓葬分佈圖

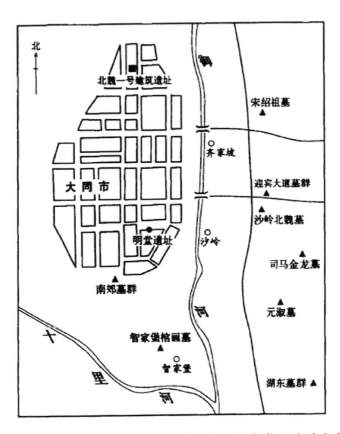

資料來源：大同市考古研究所，〈山西大同沙嶺北魏壁畫墓發掘簡報〉，《文物》，2006 年 10 期，頁 5。

經整體整理晉北地區北朝墓葬於表 2-3-1，可見到墓葬形制多元，隨葬組成亦形成不同的風格，如漢族多延續西晉制度，使用陶俑作爲隨葬組成；鮮卑族（或其所併入的北方民族）則多出土陶明器，來自中亞所傳入的銀器和玻璃器亦有出現，藉此類實物的出土，更印證與文獻記載有關的中西文化交流。

表 2-3-1　晉北地區北朝墓葬墓主身分及出土物分類對照表〔註 47〕

序號	墓葬年代	墓主（墓葬或墓群名稱）	族屬（籍貫）	出　土　物						
				鎮墓獸	人物俑	動物俑	明器	墓誌或墓銘	壁畫	其　他
1	北魏太延元年西元435年	破多羅太夫人（沙嶺北魏壁畫墓）	鮮卑				釉陶壺5件，素陶罐5件，素陶壺6件。			殘碎彩繪漆皮銀圓飾6件，漆耳杯1件，彩繪漆皮清理可見有夫婦并坐，庖廚炊作，打場等畫面
2	北魏太和元年西元477年	宋紹祖夫婦（雁北師院北魏墓群）	漢人（敦煌）	鎮墓獸1件，	陶俑（鎮墓武士俑2件，甲騎具裝俑26件，雞冠帽武士俑32件，男俑三式45件，女俑6件胡俑4件	動物模型（馬12件，駝糧驢2件，牛4件，陶車6件，駱駝1件，豬1件，羊2件，狗2件	陶器（罐1件，）實物模型（碓1件，井1件，灶1件，磨1件）	墓銘磚		石供桌1個，石板一塊，銀鐲一副，鐵製小鏡1面，琥珀飾件3個，陶質小碟3個，漆盤2個
3	平城時期（約與宋紹祖墓相當）	（下深井北魏墓）	北方游牧貴族		陶侍者俑4	狗1件，羊2件，豬2件	陶壺3件，陶罐2件。			石燈1件，銅鎏金鏤空人龍紋飾1件，銅鎏金帽釘2件，銅鑷子1件，5.漆盤1件，漆耳杯3件
4	北魏太和八年西元484年	司馬金龍夫婦	漢人	鎮墓獸	胡俑8件及女樂俑12件。俑類計338件。	陶馬、陶牛、陶羊、陶豬、陶狗、陶雞和陶駱駝。	灰陶壺			青瓷唾壺，漆食櫝，釉陶器蓋，釉陶器座。鐵馬鐙，鐵鍋，鐵剪。木枕，木盆架，木傘頂，木獸頭，木欄杆，木圓圈，石硯台，石燈座，石雕柱和木板漆畫以及小料珠，小骨片，小銅片，竹竿等雜項物品
5	北魏，約西元484～489年	（智家堡北魏墓石槨壁畫）	不詳					彩繪石槨		銅鍑1
6	北魏，約西元484～494年	（湖東北魏一號墓）	不詳					漆棺板		鎏金銅牌飾蓮花化生銅飾件鎏金銅舖首鎏金銅釘帽鎏金鉛錫釘帽1，銅條飾件。鐵器（棺釘20餘枚，棺環8），弓弭4件，漆盤2件

〔註 47〕　本表依各墓葬出土報告整理而成，部分出土報告之出土物僅有種類，未記載該類出土物數量；或出土物殘損無法修復而無完整器數量。

7	北魏，約西元484～494年	（智家堡北魏墓棺板畫）	不詳				松木質彩色繪畫棺板3塊	
8	北魏太和十四年西元490年	文明皇后馮氏(方山永固陵)	漢(信都)	獸殘腿（疑爲鎮墓獸）	石雕武士俑			石雕（拱形門楣，門框石門柱，虎頭門墩，石模型器）銅器（銅簪，銅馬腿）鐵器（鐵箭鏃，鐵矛頭，鐵錐形器）其它（骨簪，骨蓋，料環，殘陶器片，殘瓷片——小香爐及白釉雙耳罐）
9	平城時期	（雷銅廠北魏墓群）	鮮卑			陶器748件（卷沿陶罐、平沿陶罐、盤口陶罐、戳刺紋陶罐、直口陶罐、平沿陶壺、盤口陶壺、陶盆、陶缽、釉陶器）	棺板彩畫3幅，漆器及殘片少許	銅器(含飾件)188件金首飾14件，銀器及首飾16件，玉飾珠類69件，鐵器飾物27件銅鍑1件(採集品)石灯小件器物如銅面飾、帶扣及帶飾，金、銀、銅、錫質與玉、石、骨、漆類等裝飾品。外來器物：玻璃碗1件，鎏金刻花銀碗1件
10	平城時期出土一座紀年碑爲天安元年，約西元466年	（迎賓大道北魏墓群）	鮮卑					出土物421件，1.陶器，釉陶器，2.金銀器，銅器，鐵器，3.玻璃器，4.石器，5.骨器，6.玉器，玉石料器，7.漆器，大件器物置於棺外，小件器物置於棺內尸骨附近
11	平城時期約西元398～494年中後期	（金屬鎂廠北魏墓群）	鮮卑			陶罐,醬釉鳥首陶壺,釉陶罐陶燈台		化身童子瓦當石燈,石柱礎,長方形石,鐵缽
12	平城時期約西元398～494年晚期	（齊家坡北魏墓）	鮮卑			釉陶器		銅鋪首銜環,銅泡釘,銅釧,貨幣,金鈴,金飾片,銀笄,銀指環,銀環,鐵棺環,鐵鏡,土器,泥餅,穀子（已碳化），項鏈

13	平城時期至遷洛陽時期約西元398年至534年	（七里村北魏墓群）	鮮卑		陶俑11件	猪俑2件，狗俑2件	陶生活器：平沿壺17件，平沿罐21件，盤口罐37件，直領罐22件，戳刺紋罐3件，單耳罐3件，陶盆2件　釉陶器：平沿壺3件，盤口罐7件，尊1件　陶模型器：碓2件，磨1件，井1件，灶2件　陶灯3件		玻璃器2件。石灯3件，石磨盤1件，石帳礎4件。鐵錘2件，鐵灯1件，鐵鑶1件，銅鉛飾34件，銅舗首13件，銅泡釘46枚，鉛帳鉤6件，小銅漏1件，小銅刀2件，小銅刀2件，小銅剪1件，玉石料器12件金銀飾料4件，漆器14件，墓銘磚4件（均出自M35墓道中），墓磚模印紋樣三式（均出自M2封門）
14	501～504 二次葬，北魏遷洛陽後	封和突	鮮卑					墓誌	鐵棺環，鐵棺釘，鐵花棺飾件　石燈台，青瓷片，陶片及鐵斧，鐵鑶等。外來器物：鎏金波斯銀盤，高足銀杯
15	北魏 西元507年	元淑	鮮卑				帶把陶壺4件，陶壺1件，陶器蓋3件，陶六足碗，陶缽1件，陶匙3件，	墓誌1通.	石托杯1套，殘竹絛8根，木雕鳩鳥1件，木架形器1件，圓形細木條數十根，小骨環2件，銅錢7枚，小銅箍3件，鐵合頁3件，小鐵環1件，鐵棺釘近20枚，
16	北魏 約西元518～520年	方興	鮮卑					石碣	石棺幫板

龍如鳳製表

第三章　晉中南地區墓葬

晉中南地區係指北起晉陽（今山西省太原市，現爲山西省省會），南迄曲沃的北朝墓葬。北魏在分裂爲東魏、西魏之後，東魏在 550 年爲北齊所代之，西魏則據河西之地，又爲北周所取代。陳寅恪先生謂隋唐之制度兵制來自北周西魏，而禮制則沿襲北魏北齊。〔註 1〕作爲東魏——北齊時期的軍事霸府及陪都，晉陽出土的墓葬總數量較之平城未必較多，但墓葬墓主的墓誌記載豐富了墓葬出土物所反映的社會生活，同時墓誌的使用與流行，對於墓主的生平事蹟，提供了與史實互相比對的考證作用；厚葬風氣的再起，以及壁畫墓的圖像工藝，把外來宗教因素及工藝技術帶進中國所形成的影響，更具體呈現。

第一節　墓葬概述及出土物分析

晉中南地區尤以晉陽地區的北朝墓葬，除了皇陵以外，王級以下的墓葬均有出土，且在此一時期，可見到墓誌的使用幾成爲定制的葬俗，而運用墓誌的記載，對於各墓墓主的族籍，提供較爲明確的文字資料佐證。

綜觀整體墓葬出土物，使用俑類作爲隨葬組成，已非漢族專屬的特色；而墓葬中不分種族，均普遍出土的墓誌，使晉中南地區出土的北朝墓葬，益見鮮卑族漢化的融滲之深。各民族的隨葬組成互有相似之處，原本在晉北地區出土物，呈現明顯的特定種類集中趨勢，如漢族的俑類、鮮卑族的陶罐、陶長頸瓶等陶明器，至晉中南地區北朝墓葬中則此種分類的界限漸趨消失。

〔註 1〕 陳寅恪，《隋唐制度淵源略論稿》，頁 1～2。

　　表列的墓葬隨葬品組成，俑類的數量及使用的種類，亦隨著墓主身份的益見龐大及多樣化，茲就各墓葬之隨葬品再逐一分析如下。

一、曲沃秦村李詵安墓

　　曲沃位置在晉陽下運城之中途，運城再西南可抵長安（現陝西省西安市），秦村在曲沃縣候馬鎮東 5 里澮河北岸，1957 年 3 月因農民打井而發現一座磚室墓。出土爲北魏時期墓葬，墓中出土之磚墓誌，銘文 35 字，年代爲太和廿三年，記載墓主爲曲沃縣故民李詵安，墓中有骨架兩付，可能爲夫妻合葬墓，至於族屬則未明。出土物以磚雕之動物形俑爲大宗，另有磚灶之模型明器與磚墓誌，內容列表如下：

表 3-1-1　　曲沃秦村李詵安墓出土物一覽表

種　　　類	名　稱　及　數　量
明器	1. 陶俑類：× 2. 動物俑：豬、羊、狗、馬、牽馬人、牛、雞等形象磚雕 11 件。 3. 磚灶。
壁畫類	×
墓誌	磚墓誌。
其他	×

龍如鳳製表

二、東太堡磚廠辛祥夫婦墓

　　墓葬位於太原南東太堡磚廠，於 1975 年 2 月發現，墓室在清理時已經塌毀逾半，推測爲單室土洞墓，早於 1973 年冬季時在這裏即發現一座北魏墓——辛鳳麟夫婦墓，惜已被破壞，現僅存墓誌殘石兩塊及墓誌銘全文拓片。

　　辛祥夫婦墓由墓誌所載可知其爲 518～520 年二次葬，其人事蹟未見史籍記載，由墓誌記載的墓主生平事略，則可與史實相互印證所載之人口遷移。

　　墓主辛祥於北魏孝明帝神龜元年（518 年）八月十三日卒於洛陽永年里宅，卒年五十五歲，過了三年之後，才於神龜三年（520 年）四月遷葬於并州太原郡看山之陽。而其命婦李氏先卒於辛祥八年，於神龜三年合葬於晉陽。

　　夫婦均是再行合葬之二次葬，墓中出土之隨葬組成不多，列表如下：

表 3-1-2　東太堡磚廠辛祥夫婦墓出土物一覽表

種　類	名　稱　及　數　量
明器	1. 陶俑類：× 2. 動物俑：× 3. 雞首壺 1。
壁畫類	×
墓誌	1 合。
其他	茶具 4，銅鏡 1，銅尺 1，銅器柄 1，銀鑷子 1，銅錢 1，石燈 4。

龍如鳳製表

三、賀拔昌墓

　　賀拔昌墓位於太原市西南方萬柏林區義井村，太原市變壓器廠西 4 號宿舍樓東南角，東南距晉陽古城遺址約 15 公里。1999 年因太原市和平南路道路改造施工中發現，為磚室墓，由墓道、甬道、墓室組成，已遭盜擾和水蝕，葬具葬式不明。賀拔昌其人生平史書未見記載，據墓誌，其為朔州鄯無人，北齊并州刺史安定王賀拔仁之子。一生歷任安東將軍，親信大都督，渭州刺史，征北將軍，廓州刺史，驃騎大將軍，儀同三司，右廂都督，太子右衛將軍，右衛將軍，開府儀同三司等職。侯景之亂時，他曾「奉敕行師，身先覆寇，旌旗所向，無往不利」。

　　由於墓葬曾盜擾且長期水泡浸蝕，隨葬器物損毀較為嚴重，經整理修復器件 44 件，由墓葬隨葬之陶俑，以出行儀仗隊伍組成居多，是反映其生前擔任之武職之官場威儀樣貌。內容列表如下：

表 3-1-3　賀拔昌墓出土物一覽表

種　類	名　稱　及　數　量
明器	1. 鎮墓獸 1。 2. 人物俑類：陶俑類按盾武士俑 2，甲騎具裝俑 1，騎馬執物俑 3，擊鼓騎俑 2，鼓吹騎俑 1，背盾俑 1，三稜風帽俑 2，女侍俑 2，籠冠俑 2，雜技俑 1，文吏俑 1，總計 18 件。 3. 動物俑類：袱馬 1，馱馬 1，駱駝 1 陶豬 2，陶牝豬，陶狗，陶羊，陶雞 1，總計 8 件。 4. 細頸瓶，陶瓶，陶罐，陶盆，陶鐘形器。 5. 陶井，陶磨，陶碓，陶廁。

壁畫類	×
墓誌	1 只。
其他	金環 1，銅飾件 2。

龍如鳳製表

四、侯莫陳阿仁伏墓

侯莫陳阿仁伏墓位於晉源區羅城鎮開化村以北的山前坡地，爲太原市西南 10 餘公里的汾河西岸的晉陽古城，在西側的懸甕山脈，東去的山前洪積坡地上分佈的古代墓葬。2002 年 11 月，爲配合城市外環公路建設而進行田野考古中，出土編號 TM62 的北齊洞室墓。

墓葬形制保存良好，隨葬器物組成完整。依據出土於墓的豎穴天井開口處石碑所刻銘，墓主爲北齊政權的一名中級官，名爲侯莫陳阿仁伏，殯葬於并州城（即晉陽）西山。

出土物以武士俑等居多，除代表其爲官吏之身份外，值得注意的是屬於農業經濟的漢族葬俗，如模型明器的使用；動物俑中的牛車是西晉常見的出行代步，且與駱駝同墓隨葬，是對於當時社會物質文化的縮影。列表如下：

表 3-1-4　侯莫陳阿仁伏墓出土物一覽表

種　類	名　稱　及　數　量
明器	1. 鎮墓獸 1。 2. 人物俑類：鎮墓武士俑 12，披氅武士俑 12，持盾武士俑 8 件，垂袖男侍俑 7 件，持物男侍俑 10，總計 50 件。 3. 小泥餅 10 件爲 1 組，仿家居生活類明器（盤 1 件，碗 11 件），盒 1，燈盞 1，罐 10，雞首壺 1，細頸瓶 1，廣肩瓶 1。 4. 碓 1，井 1，廁 1，灶 1。
壁畫類	×
墓誌	石碣 1
其他	銅錢 1 枚，，銅鏡 1 枚。

龍如鳳製表

五、柳子輝夫婦墓

墓葬位於太原市雙塔公社郝村村北，於 1960 年發現並清理，墓爲磚砌，

曾被盜掘過，墓壁與墓已破壞，為夫婦合葬墓。墓主史籍未記，依墓誌記載，柳子輝，字景安，高柳人，卒於天保七年（556年），即北齊文宣帝高洋時期。

出土物以明器為主，數量不多，列表如下：

表 3-1-5　柳子輝夫婦墓出土物一覽表

種　類	名　稱　及　數　量
明器	1. 人物俑類：× 2. 動物俑類：× 3. 陶甗 2 件，陶罐 2 件，小陶罐 1 件。
壁畫類	青石板 2 件。
墓誌	青石板 2 件。
其他	玉帶鉤一對。

龍如鳳製表

六、竇興墓

墓葬位於太原市晉源區羅城鎮開化村以北的山前坡地，為 2002 年 11 月為配合太原市西北外環過境高速公路的建設，實施田野考古發掘之古墓葬一批中，編號為 TM85 的生土洞室墓。依據墓誌記載，墓主單姓竇，曾任職驃騎大將軍，是北齊政權中的一般官吏，卒於北齊天保十年（559年）。

因墓頂塌落以致墓室已淤塞盈積，經清理出土物如下表列：

表 3-1-6　竇興墓出土物一覽表

種　類	名　稱　及　數　量
明器	1. 鎮墓獸 2。 2. 人物俑類：鎮墓武士俑 2。 3. 動物俑：× 4. 陶罐 1，陶細頸瓶 1，陶碗 3。 5. 陶廁 1 件，陶磨 1 件，陶碓 1 件，陶井 1 件，陶灶 1。
壁畫類	×
墓誌	1 合。
其他	×

龍如鳳製表

七、張肅俗墓

　　張肅俗墓位於太原市西南蒙山之麓的壙坡，其東南 3 公里許，即古晉陽城遺址，1955 年 1 月太原勝利器材廠於該地取土時發現。張肅俗，史未記載，依據墓誌所記載，其為代郡平城人（即今山西省大同市），魏故龍驤將軍，中散大夫，豫州長史，鎮城大都督，長安侯張子霞的第四子，於北齊天保十年（559 年），年 26 歲卒於鄴下，當年 11 月權喪於此。

　　出土物以陶俑類居多，但可以看到武士俑數量不如女俑多，依其墓誌記載身份為處士未受官爵祿位，且年僅 26 歲即歿或有影響，出土物列表如下：

表 3-1-7　張肅俗墓出土物一覽表

種　　類	名　稱　及　數　量
明器	1. 陶鎮墓獸 1。 2. 人物俑類：陶鎮墓俑 2，陶女俑 7，陶蹲女俑 3，陶武士俑 4，總計 17 件。 3. 動物俑：陶馬 2，陶駱駝 1，陶牛車 1，陶犬 2，陶豬 2，陶雞 1。 4. 陶碗 8，陶罐 3。 5. 陶碓 1，陶井 1，陶灶 1，陶廁 1。
壁畫類	×
墓誌	1 合。
其他	殘陶器 1。

龍如鳳製表

八、賀婁悅墓

　　賀婁悅墓位於太原市南郊區義井鄉神堂溝村南約 1 公里的黃坡地，1986 年 9 月因磚廠在爆破取土時發現，墓已遭受破壞，為一土洞墓。賀婁悅，史書無傳，依墓誌所記載，其為高陸阿陽人，生於北魏正始二年，卒於北齊皇建元年，其族為鮮卑族之一，其雖卒於鄴城，仍葬於晉陽。

　　出土物以武士俑、儀仗俑等陶俑，以及動物俑為主，列表如下：

表 3-1-8　賀婁悅墓出土物一覽表

種　　類	名　稱　及　數　量
明器	1. 鎮墓獸俑 2。

	2. 人物俑類：鎮墓武士俑 2，儀仗俑 3，武士俑 1，披氅武士俑 2，文吏俑 3，僕侍俑 2，女官俑 2，女侍俑 2，女侍跪俑 1，殘俑頭 1，，總計 21 件。 3. 動物俑類陶馬 1，陶駱駝 1，陶牛 1，陶猪 3，陶羊 4，陶牛車 1，總計 11 件。
壁畫類	×
墓誌	1 方。
其他	×

龍如鳳製表

九、狄湛墓

狄湛墓位於太原市迎澤區王家峰村北側第二磚廠內，西距太原永祚寺雙塔約 1 公里。傳爲盛唐名相狄仁傑故里的狄就在墓葬西南約 3 公里處，其南部約 6.5 公里的南坪頭曾發現北齊庫狄業墓，鄭村發現北齊柳子輝墓。2000年 7 月於磚廠取土時發現，墓葬已被破壞殆盡，經清理後與太原地區發現的張肅俗、庫狄業一樣，爲類磚室土洞墓。

墓主狄湛，字安宗，史書無傳，經考古發掘單位之太原市文物考古研究所與學者羅新及葉煒考據指出，其在《新唐書》和《元和姓篹》有零星記載，且狄湛爲盛唐名相狄仁杰的四世祖，並推知其爲羌人，〔註2〕其籍貫爲馮翊郡高陸縣人，在東魏──北齊時代是名戎馬一生的武將。

出土物幾全以武士俑的陶俑類爲主，表列如下：

表 3-1-9　狄湛墓出土物一覽表

種　類	名　稱　及　數　量
明器	1. 鎮墓獸：× 2. 人物俑類：稜風帽俑 5，盔甲俑 10，執盾俑 2，背盾俑 5，袒肩俑 13，圓盔俑 3，總計 38 件。 3. 動物俑類：× 4. 紅陶碗。 5. 紅陶倉 1。

〔註2〕 太原市文物考古研究所，〈太原北齊狄湛墓〉，《文物》，2003 年 3 期，頁 42；羅新，葉煒，《新出魏晉南北朝墓誌疏證》，北京：中華書局，2005 年 3 月，頁 173～174。

壁畫類	✕
墓誌	1 合。
其他	✕

龍如鳳製表

十、張海翼墓

　　張海翼墓位於呂梁山脈（太原西山）的蒙山之麓，東距汾河 5.5 公里，東南距晉陽古城遺址約 5 公里。當地俗稱官坡（壙坡），1955 年清理的張肅俗墓就出土於此壙坡地。1991 年 1 月於太原市晉源區羅城街道辦事處寺底村被發現，文物部門到現場時，墓葬遭破壞，出土器物通過說服教育從村民手中收回部分文物，並對墓葬進行搶救性清理。

　　張海翼，史書未見記載，墓誌記其官志司馬，授長安侯。長安侯還見於記載於《張肅俗墓誌》。學者李愛國在出土報告中指出：從張海翼和張肅俗兩合墓誌內容來看，兩人同姓，同是平城人，又葬於同一墓地。且張肅俗之父曾任豫州長史，鎮城大都督等職，授長安侯；張海翼之父曾任豫州刺史，本人也一生歷任相府參軍，冠軍將軍，司馬等職，授長安侯。由此比對分析，他們之間或有一定的親緣關係。〔註3〕

　　出土物以武士俑、儀仗俑的陶俑及動物俑為主，亦有鮮卑葬俗的實用明器及漢族的銅鏡與銅幣，但未見模型明器，列表如下：

表 3-1-10　張海翼墓出土物一覽表

種　　類	名　稱　及　數　量
明器	1. 鎮墓獸：✕ 2. 人物俑類：鎮墓武士俑 1，甲騎具裝俑 1，文吏俑 2，持盾俑 4，甲士俑 5，儀仗俑 22，女侍俑 3，侍僕俑 4，總計 42 件。 3. 動物俑：陶狗 1，陶子母羊 1，陶牛 1，陶駱駝 1，總計 4 件。 4. 陶長頸瓶 1，陶壺 1，瓷碗 5
壁畫類	✕
墓誌	1 合。
其他	銅鏡 1 件，銅幣 2 枚。

龍如鳳製表

〔註3〕 李愛國，〈太原北齊張海翼墓〉，《文物》，2003 年 10 期，頁 44～46。

十一、庫狄業墓

庫狄業位於太原市小店區南坪頭村，1984 年因山西省地方煤炭管理學校在基建施工中發現，為一批十餘座從北齊到宋金時期的古墓葬之一。墓為單室土洞墓，墓頂已塌陷淤塞，存有盜洞，進水等擾亂。墓主庫狄業，史書未見記載，依據墓誌所記，其為陰山人，世居漠北，代為酋長，至其祖庫狄去臣，乃釋褐從戎。庫狄業生前曾任洺州刺史，金紫光祿大夫，驃騎大將軍，領民都督，儀同三司，北尉少卿等職，封爵咸陽縣開國侯，高平縣開國子，彭城縣開國公等。

出土物以風帽俑佔陶俑類的多數，陶俑數量計 95 件，動物俑及實用明器與銅鐵器，未見模型明器。內容列表如下：

表 3-1-11　庫狄業墓出土物一覽表

種　　類	名　稱　及　數　量
明器	1. 鎮墓獸 1。 2. 人物俑類：鎮墓武士俑 2，三稜風帽俑 29，鎧甲俑 3，圓頂盔俑 12，圓頂風帽俑 11，持盾俑 26，女官俑 6，持劍女官俑 3，女侍俑 2，總計 94 件。 3. 動物俑：陶雞 1，陶馬 1。 4. 瓷器 8 件（瓷灯 1，雞首壺 1，高領瓶 1，唾壺 1，瓷盤 1，瓷扣盒 2，瓷碟 1）。 5. 陶器 10 件（罐 2，碗 7，杯 1，陶盤 2，陶車輪模型 2）。
壁畫類	×
墓誌	1 合。
其他	1.銅釜 1。 2.鐵刀，鐵鏡，銅飾片，鐵合頁，門鼻，鋪首，鐵釘。

龍如鳳製表

十二、祁縣韓裔墓

韓裔墓位於祁縣東觀公社白圭鎮的東南，文化大革命期間（1966～1976年間）因祁縣白圭的農民在整地時發現。墓葬為磚室墓，受到早期被盜及墓室頂部大部分倒塌，文物遭受破壞。墓主韓裔並未在《北齊書》被立傳，唐李百藥僅在別人的傳記中提到他的名字，如卷十九之《韓賢傳》提到「子裔

嗣」，卷十五《潘樂傳》：「周文東至崤，陝，遣其行台，候莫陳崇自齊子嶺趣
軹關，儀同楊檦從鼓鐘道出建州，陷孤公戍。詔樂總大眾御之。樂晝夜兼行，
至長子，遣儀同韓永興從建州西趣崇，崇遂遁。」卷五十恩倖《韓鳳傳》：「韓
鳳字長鸞，昌黎人也。父永興，青州刺史。」〔註4〕墓誌所記其死在青州治所，
死後歸葬於其家族之聚居地之祁縣白圭鎮。

經清理之出土物以陶俑類為數 122 最多，武士俑即佔 77 件，內容列表如
下：

表 3-1-12 　祁縣韓裔墓出土物一覽表

種　　類	名　稱　及　數　量
明器	1. 鎮墓獸 1。 2. 人物俑類：女俑 7，男俑 36，武士俑 64，騎馬武士俑 13，力士俑 1，總計 122 件。 3. 動物俑：大陶馬 3，馱糧馬 1，陶羊 2，陶豬 2，總計 8 件。 4. 盤 4，龍鳳壺 1，盒 3，碗 3，罐 1。 5. 陶灶 1。
壁畫類	×
墓誌	墓誌蓋和墓誌各一方。
其他	貼金 "常平五銖錢" 4，包金鐵片 4。

龍如鳳製表

十三、婁叡墓

婁叡墓位於太原市南晉祠公社王郭村西南 1 公里，汾河以西，懸甕山東
側。早期傳為斛律金墓，於 1979 年 4 月開始開掘清理工作，為由封土、墓道、
甬道和墓室組成之斜坡道磚室墓。

墓主婁叡，其於《北齊書》有載其個人之傳。〔註5〕

出土陶俑類數量總計 360 件，武士俑及騎馬俑即佔多數，隨葬品豐盛，
各類皆備，墓室及墓道全幅的壁畫尤為可觀。出土物內容列表如下：

〔註4〕 陶正剛，〈山西祁縣白圭北齊韓裔墓〉，《文物》，1975 年 4 期，頁 70。
〔註5〕 唐李百藥，《北齊書》，卷四十八，〈列傳〉，頁 666。

表 3-1-13　婁叡墓出土物一覽表

種　　類	名　稱　及　數　量
明器	1. 鎮墓獸：× 2. 人物俑類：鎮墓俑 2，鎮墓武俑 2 ，武士俑 91，文吏俑 103，女官俑 45，女侍俑 31，女跪侍俑 3，女僕俑 1，役夫俑 3，騎馬武士俑 40，騎馬文吏俑 4，騎俑 2，騎馬樂俑 22，執物騎俑 10，馱物騎俑 1，總計 360 件。 3. 動物俑：陶馬 10，陶馱馬 3，陶駱駝 4，陶牛 1，陶猪 10，陶臥羊 6，陶臥狗 5，陶雞 3，總計 42 件。 4. 瓷器 76 件（二彩盂 1，燈 4，盤 10，貼花瓶（蓮瓣）2，罐 2，螭柄雞首壺 5，托杯 2，扣盒 11，碗 39）；陶器 13 件（罐 1，瓶 1，壺 6，碗 5，） 5. 陶倉 2，陶碓 2，陶磨 2，陶灶 3
壁畫類	墓室全幅，墓道。
墓誌	1 合
其他	1. 石刻 17 件（石獅 8，石柱礎，墓誌）。 2. 裝飾品 85 件（金飾 1，琥珀獸 2，蚌人 2，蚌飾 1，玉璜 12，玉佩 1，珠 1260 粒，殘銀飾 1，殘銅飾 28，鐵飾 17）。 3. 其它 15 件（瓦當 2，鐵鍬 9，汞，絲織品殘片）。

龍如鳳製表

十四、徐顯秀墓

　　徐顯秀墓位於太原市迎澤區郝庄鄉王家峰東，當地人稱「王墓坡」的高大土塚，2000 年 12 月因村民發現有人在此盜掘，報告文物部門而發現，爲長斜坡道磚室墓，早遭盜擾。墓主徐顯秀，史籍如《北齊書》及《北史》中有其名字，均爲依附他人之傳所帶上一筆。[註6]依墓誌記忠義郡人，武平二年（571 年）正月死於晉陽家中，至十一月葬於晉陽。

　　徐顯秀墓隨葬的陶俑多達 329 件，以武士俑類居多數，並出土鎮墓獸出土 2 件，獅首深目怒視，血口大張，頷下有兩撮卷曲絡腮鬍鬚，背有豎兩撮劍式鬃毛，長尾上卷至背部，形象混合著外來的獅子及西域胡人形象。另出土物中之辮髮騎俑，具中西交流意義的金戒指，[註7]學者施安昌認爲實用明

〔註 6〕　參閱唐李百藥，《北齊書》，卷八，〈帝紀第八〉，頁 102。及唐李延壽，《北史》，卷八，〈齊本紀下第八〉，北京，中華書局，1974 年，2006 年重印，頁 291。
〔註 7〕　山西省考古研究所、太原市文物考古研究所，〈太原北齊徐顯秀墓發掘簡報〉，

器中的燈可能是祆教的儀式用，[註8] 再與全室的壁畫呈現的圖，對於研究民族文化及中西交流提供相當多的實證。內容列表如下：

表 3-1-14　徐顯秀墓出土物一覽表

種　　類	名　稱　及　數　量
明器	1. 鎮墓獸 2。 2. 人物俑類：鎮墓武士俑 2，三棱風帽俑 124，鎧甲俑 13，持盾俑 63，武士俑 3，文吏俑 47，籠冠俑 25，持劍俑 4，女侍俑 16，女俑 1，擊鼓騎俑 8，辮髮騎俑 1，鼓吹騎俑 1，騎馬俑 1，總計 327 件。 3. 動物俑：× 4. 瓷器 200 件（有雞首壺 7，尊 1，燈 4，盤 8，碗 110，帶蓋罐 2，圓扣盒碎片約 30，燈盞 2，罐 1，壺 1 等物，表面多施黃綠釉）。
壁畫類	墓室，天井，墓道均彩繪。
墓誌	1 合
其他	飾品（金戒指，銀指環各 1），瓦當 1 件。柱礎石 2 件。

龍如鳳製表

十五、南郊北齊壁畫墓

墓葬位於太原市南郊區金勝村附近，地在太原西山至汾河的緩坡地帶西部，東南距晉陽古城遺址約 3 公里，1987 年 8 月因附近的太原熱電廠在擴建工程中發現。墓葬為單室磚室墓，清理時已被破壞，雖未被盜擾，但未出墓誌，依墓壁畫風格及隨葬組成應為北齊後期之貴族婦人墓葬。[註9] 出土物內容如下：

表 3-1-15　南郊北齊壁畫墓出土物一覽表

種　　類	名　稱　及　數　量
明器	1. 鎮墓俑 2。 2. 人物俑類：甲士俑 4，儀仗俑 21，持盾俑 6，擊鼓俑 2，騎俑 1，立俑 1，籠冠俑 1，武士俑 1，總計 37 件。 3. 動物俑：×

《文物》，2003 年 10 期，頁 38。

[註8]　施安昌，〈北齊徐顯秀、妻叡墓中的火壇和禮器〉，《火壇與祭司鳥神》（北京：紫禁城出版社，2004），頁 118～128。

[註9]　山西省考古研究所，〈太原南郊北齊壁畫墓〉，《文物》，1990 年 12 期，頁 1～10。

壁畫類	墓室內壁。
墓誌	×
其他	×

龍如鳳製表

十六、壽陽庫狄迴洛墓

　　庫狄迴洛墓位於晉陽東側之壽陽縣西南的賈家庄（又名福祿庄），爲墓主庫狄迴洛與其妻斛律夫人、妾尉氏之合葬墓，墓主庫狄迴洛在史籍《北齊書》中有傳。〔註10〕1973 年 4 月由山西文物工作委員挖掘清理。墓葬爲大型土塚磚室墓，有高大之封土，因墓頂塌落以致隨葬品多數砸碎。

　　出土物以武士俑居陶俑類之多數，隨葬組成包含各種類，內容如下：

表 3-1-16　壽陽庫狄迴洛墓出土物一覽表

種　　類	名　稱　及　數　量
明器	1. 鎮墓獸：× 2. 人物俑類：陶俑（按盾武士俑 2，負盾武士俑 15，披氅侍衛男俑 4，袒肩侍衛男俑 4，翻袵侍衛男俑 12，翻領雙袵侍衛男俑 14，伎樂俑 3，舞蹈胡俑 1，文吏俑 1，侍女俑 14），總計 70 件。 3. 動物俑類：陶羊 2。 4. 陶瓷 1，陶罐 2，陶缽 2。 5. 釉陶器（蓮花寶相紋尊 7，盤 7，碗 8，杯 8，盒 4） 6. 鎏金銅器（三足器 1，鐎 1，斗 1，瓶 3，唾壺 2，高足杯 1，盒 1，碗 1，蓮花燭台 1，龍首 4，銅鉤 2，響鈴 4，銅飾 53）。 7. 陶灶 1。
壁畫類	墓室，門楣及甬道。
墓誌	3 方 6 合。
其他	1. 銅錢（常平五銖 1，五銖錢） 2. 鐵器（鋤 1，劍 1，鎖 1，活頁 7，環 7，圓片 50 多件，環首鉚釘 1，長方形鐵片 1，鐵釘近百枚） 3. 金石瑪瑙玻璃器（金戒指 1，金飾品 2，刻花金箔片 2，瑪瑙珠 1 串，冠飾 1，獸面人身雕像 1，石珠 2，瑪瑙獅形飾 1，玉璜 3，玻璃器 1，方解石約 150 粒，白雲母片一堆）。 4. 骨器（骨飾 1，骨豬 1）。 5. 絲織品，漆器，粟粒（炭化）。

龍如鳳製表

〔註10〕唐李百藥，《北齊書》，卷十八，〈列傳第十一〉，頁 255。

第二節　墓主身份及族屬

晉中南地區北朝墓葬，大都伴隨出土墓誌，並載明墓主之姓名及生平。對於查核墓主之族屬，以及是否曾於史籍記載，可藉以互相印證，有利於研究當時社會生活的情況。

晉中南地區所發現北朝墓葬，墓主姓名明確者有：秦村北魏墓李詵安、辛祥、賀拔昌、候莫陳阿仁伏、柳子輝、竇興、張肅俗、賀婁悅、狄湛、張海翼、庫狄業、韓裔、婁叡、徐顯秀、庫狄迴洛等墓主之 15 座墓葬；墓主姓名不明者爲南郊北齊壁畫墓 1 座。分述如下：

一、墓主姓名明確

（一）曲沃秦村李詵安夫婦

墓葬出土於曲沃，曲沃位置在晉陽下運城之中途，運城再西南可抵長安（現陝西省西安市），爲北魏時期墓葬，墓中出土之磚墓誌，銘文 35 字，年代爲太和廿三年，記載墓主爲曲沃縣故民李詵安，至於族屬則未明。

（二）辛祥夫婦

由墓誌所載可知爲 518～520 年的二次葬，記載的墓主生平事略與史實印證所載之人口遷移。

（三）賀拔昌

其生平史書未見記載，據墓誌，其爲朔州鄙無人，北齊并州刺史安定王賀拔仁之子。一生歷任安東將軍，親信大都督，渭州刺史，征北將軍，廓州刺史，驃騎大將軍，儀同三司，右廂都督，太子右衛將軍，右衛將軍，開府儀同三司等職。侯景之亂時，他曾「奉敕行師，身先覆寇，旌旗所向，無往不利」。死於天保四年（553 年），年 42 歲。爲鮮卑族。

（四）侯莫陳阿仁伏

墓主生平史書未見記載，依據出土於墓的豎穴天井開口處石碑所刻銘，墓主爲北齊政權的一名中級官，名爲侯莫陳阿仁伏，殯葬於并州城（即晉陽）西山。

學者姚薇元考證指出候莫陳氏本爲一遊牧部落，魏道武帝天興二年（399 年）破其部族並降爲別部，並依據隋書指其爲鮮卑族。〔註11〕

〔註11〕姚薇元，《北朝胡姓考》，頁 195～196。

（五）柳子輝

墓主生平史書未見記載，依墓誌記載，柳子輝，字景安，高柳人，卒於天保七年（556年），即北齊文宣帝高洋時期。族屬不明。

（六）竇興

依據墓誌記載，墓主單姓竇，曾任職驃騎大將軍，是北齊政權中的一般官吏，卒於北齊天保十年（559年）。族屬不明。

（七）張肅俗

張肅俗，史未記載，依據墓誌所記載，其為代郡平城人（即今山西省大同市），魏故龍驤將軍，中散大夫，豫州長史，鎮城大都督，長安侯張子霞的第四子，於北齊天保十年（559年），年26歲卒於鄴下，當年11月權喪於此。應為漢族。

（八）賀婁悅

墓主未見史籍記載，依墓誌所記載，其為高陸阿陽人，生於北魏正始二年，卒於北齊皇建元年，依學者姚薇元指出賀婁氏為勳臣八姓之一，是鮮卑族。〔註12〕賀婁悅雖卒於鄴城，仍葬於晉陽。

（九）狄湛

狄湛，字安宗，史書無傳，原由太原市文物考古研究所研究考據後發表出土報告指出，學者羅新及葉煒予以考據並與之認同：其在《新唐書》和《元和姓纂》有零星記載，且狄湛為盛唐名相狄仁杰的四世祖，並推知其為羌人，〔註13〕其籍貫為馮翊郡高陸縣人，在東魏——北齊時代是名戎馬一生的武將。

（十）張海翼

張海翼，史書未見記載，墓誌記其官志司馬，授長安侯。長安侯還見於記載於《張肅俗墓誌》。學者李愛國認為從張海翼和張肅俗兩合墓誌內容來看，兩人同姓，同是平城人，又葬於同一墓地。且張肅俗之父曾任豫州長史，鎮城大都督等職，授長安侯；張海翼之父曾任豫州刺史，本人也一生歷任相府參軍，冠軍將軍，司馬等職，授長安侯。由此比對分析，他們之間或有一

〔註12〕姚薇元，《北朝胡姓考》，頁56～57。
〔註13〕太原市文物考古研究所，〈太原北齊狄湛墓〉，《文物》，2003年3期，頁42；羅新，葉煒，《新出魏晉南北朝墓誌疏證》，北京：中華書局，2005年3月，頁173～174。

定的親緣關係。〔註14〕應爲漢族。

（十一）庫狄業

史書未見記載，依據墓誌所記，其爲陰山人，世居漠北，代爲酋長，至其祖庫狄去臣，乃釋褐從戎。〔註15〕庫狄業生前曾任洹州刺史，金紫光祿大夫，驃騎大將軍，領民都督，儀同三司，北尉少卿等職，封爵咸陽縣開國侯，高平縣開國子，彭城縣開國公等。依學者姚薇元所著之《北朝胡姓考》指出，庫狄爲鮮卑族，歸魏之後，仍留北鎮。〔註16〕

（十二）韓裔

墓主韓裔並未在《北齊書》被立傳，唐李百藥僅在別人的傳記中提到他的名字，如卷十九之《韓賢傳》提到「子裔嗣」，〔註17〕卷十五《潘樂傳》：「周文東至崤，陝，遣其行臺，候莫陳崇自齊子嶺趣軹關，儀同楊檦從鼓鐘道出建州，陷孤公戍。詔樂總大眾御之。樂晝夜兼行，至長子，遣儀同韓永興從建州西趣崇，崇遂遁。」卷五十恩倖《韓鳳傳》：「韓鳳字長鸞，昌黎人也。父永興，青州刺史。」〔註18〕墓誌所記其死在青州治所，死後歸葬於其家族之聚居地之祁縣白圭鎮。〔註19〕爲鮮卑族。

（十三）婁叡

墓主婁叡，本姓匹婁，簡改爲婁氏，學者姚薇元指出其姓是北魏孝文帝漢化政策改姓氏的內入諸姓之一。〔註20〕其姑爲高歡嫡妻，以北邊鮮卑望族，北齊外戚，自隨高歡「信都起義」，戎馬生涯歷四十年（531 年～570年），封南青州東安郡王。因事坐免，後又加官晉爵，是北齊之世有影響力的人物。〔註21〕

在婁叡墓中隨葬組成可看到當時北齊的達官貴族生活方式，婁叡雖爲鮮卑貴族，但其長期處於漢文化洗禮下，在墓葬之中，鮮卑部族游牧式文化的

〔註14〕李愛國，〈太原北齊張海翼墓〉，《文物》，2003 年 10 期，頁 44～46。
〔註15〕太原市文物考古研究所，〈太原北齊庫狄業墓〉，《文物》，2003 年 3 期（北京，2003.03），頁 35～36。
〔註16〕姚薇元，《北朝胡姓考》，頁 200～201。
〔註17〕唐李百藥《北齊書》，卷十九，〈列傳〉，頁 248。
〔註18〕唐李百藥，《北齊書》，卷五十，〈列傳〉，頁 692。
〔註19〕陶正剛，〈山西祁縣白圭北齊韓裔墓〉，《文物》，1975 年 4 期，頁 70。
〔註20〕姚薇元，《北朝胡姓考》，頁 98。
〔註21〕唐李百藥《北齊書》，卷四十八，〈列傳〉，頁 666。

特徵已不佔多數，反之漢族文化的因素成爲墓葬隨葬組成的大宗。尤其是墓中也出現成對的鎮墓獸，人首獸身鎮墓獸的形象帶滿面鬍鬚，濃眉大眼大口，十足的胡人形象；而獅形的獸首鎮墓獸，背上的戟形飾，更帶有濃厚的西域傳入的外來色彩。爲鮮卑族。

（十四）徐顯秀

墓主徐顯秀，依墓誌記載其爲忠義郡人，本投爾朱榮，后追隨高歡，屢建戰功，因功勛升遷，入北齊後，封武安王。歷任徐州刺史、大行台尙書右僕射，拜司空公，再遷太尉。武平二年（571 年）正月死於晉陽家中，至十一月葬於晉陽。爲漢族。

經查忠義郡之地名，回溯其於北魏時期爲蔚州下三個領郡之一，在北魏孝庄帝永安期間設置，蔚州亦在永安中改爲懷荒、鎮夷二鎮置，寄治并州鄔縣界。〔註22〕

而徐顯秀於史籍有記載，並未單獨作傳，僅在別人的傳中帶上一筆，如於《北齊書》及《北史》中所記載如下：

> 五年……，三月丁酉，……開府儀同三司徐顯秀爲司空，開府儀同三司、廣寧王孝珩爲尚書令。〔註23〕

> 五年春正月辛亥，詔以金鳳等三台未入寺者，施大興聖寺。……三月丁酉，以司空徐顯秀爲太尉，並省尚書令婁定遠爲司空。〔註24〕

由徐顯秀墓誌所記與史籍有記載之官職，時間大致相符，墓誌記其籍爲忠義郡人，其祖輩及父輩均爲武職，可看到以其祖或父所在地爲籍，卻不提原來是來自何處，這點在民族融合的面貌上，幾可視其在自我的認同上已承續了國族的正統。

（十五）庫狄迴洛

墓主庫狄迴洛爲戰功彪炳的武將，初隨爾朱榮爲統軍，爾朱榮死後改隸爾朱兆，其在《北齊書》有傳，略記如下：

> 庫狄迴洛，代人也。少有武力，儀貌魁偉。初事爾朱榮爲統軍，預立莊帝，轉爲別將，賜爵毋極伯。從破葛榮，轉都督。榮死，隸爾

〔註22〕北齊魏收，《魏書》，卷一百六上，〈地形志上〉，頁 2501。
〔註23〕唐李百藥，《北齊書》，卷八，〈帝紀第八〉，頁 102。
〔註24〕唐李延壽，《北史》，卷八，〈齊本紀下第八〉，北京，中華書局，1974 年，2006 年重印，頁 291。

朱兆……從破四胡於韓陵，以軍功補都督……從征山胡，先鋒斬級，

除朔州刺。破周文於河陽，轉授夏州刺史。邙山之役，……七百戶。

〔註25〕

對照墓誌，部分誌、傳記載有所出入，依誌述，庫狄迴洛爲「朔州部落人」，生前事蹟誌記載爲：「以軍功補都督」。知其曾立下軍功而獲補實都督之位。學者姚薇元考據其爲鮮卑族。〔註26〕

二、墓主姓名不明

目前僅見南郊北齊壁畫墓一座，該墓葬未見墓誌等文字記載資料，如下：

南郊北齊壁畫墓

墓葬清理時已被破壞，雖未被盜擾，但未出墓誌，墓壁畫風格爲三婦人坐像，與隨葬組成特徵，考古出土報告指出其應爲北齊後期之貴族婦人墓葬。〔註27〕至於族屬不明。

由於墓中南地區出土北朝墓葬多有墓誌出土，墓誌使用的是墓主身分的重要考證依據，且墓主姓名與其族屬，多半可從墓誌之記載而得知，但在有姓名記載的墓主，若墓誌資料記載不足，又兼以北朝時期史料的不全，往往無法比對其本身族屬。若就出土物特徵來認定墓主族屬，在出土物多呈現胡漢摻雜的葬俗之下，已不似晉北地區般可以通過相當時期的鮮卑族墓葬（如內蒙古地區出土者），來比對其族屬之文化特徵。

第三節　小　結

北朝期間自北魏遷都洛陽之後，墓葬出土數量變動亦呈現南移之趨勢，與史料所載魏孝文帝下令不准北葬，且以洛陽爲籍貫的漢化政策或有相關。晉陽（現山西太原）亦非國都，但北魏分裂爲東魏西魏之後，東魏之政權爲高歡所把持，隨之由高洋篡立北齊。而高歡爲晉陽鎮將，史書記載高歡常往來鄴都與晉陽之間，晉陽是霸業所基，北齊時期貴族墓葬在晉陽出土者眾，

〔註25〕唐李百藥《北齊書》，卷十九，〈列傳第十一庫狄迴洛〉，頁254～255。

〔註26〕姚薇元，《北朝胡姓考》，頁200～201。

〔註27〕山西省考古研究所，〈太原南郊北齊壁畫墓〉，《文物》，1990年12期，頁1～10。

如圖 3-3-1 所示，以北朝期間作時間與地域的畫分，以與平城出土的比對，來
探討北朝時期葬俗變化，並透過以入葬時期排列之墓葬分佈，不同民族文化
在此交互影響的情形。

圖 3-3-1　晉陽地區北朝部分墓葬示意圖

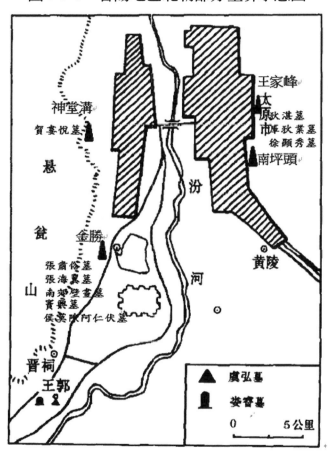

資料來源：龍如鳳整理，依據山西省考古研究所，〈太原隋代虞弘墓
清理簡報〉，《文物》，2001 年 1 期，頁 27 之圖補入金勝村、
神堂溝、王家峰及南坪頭等墓葬。

在晉中南地區的北朝墓葬，如表 3-3-1 所整理者，可見葬俗漸漸形成一致
的情況，如鎮墓獸的隨葬組成，以及大量的陶俑取代了質地較粗的陶容器，
象徵農莊經濟的陶牲畜和來自北方游牧民族的駱駝共存等，顯現的是逐步融
合的葬俗，形成不分胡漢民族的共識。

表 3-3-1　晉中南地區出土北朝墓葬墓主身分及出土物分類對照表

序號	墓葬年代	墓主（墓葬或墓群名稱）	族屬（籍貫）	出　土　物						
				鎮墓獸	人物俑	動物俑	明器	墓誌或墓銘	壁畫	其他
1	北魏西元499年	李詵安（秦村北魏墓）	不詳			猪、羊、狗、馬、牽馬人、牛、鷄等形象磚雕11件。	磚灶			
2	西元518～520年爲二次葬	辛祥	漢人					墓誌		雞首壺，茶具，銅鏡，銅尺，銅器柄，銀鑷子，銅錢，石燈
3	北齊天保四年西元553年	賀拔昌	鮮卑（朔州鄀無）		陶俑18件（按盾武士俑2，甲騎具裝俑1，騎馬執物俑3，擊鼓騎俑2，鼓吹騎俑1，背盾俑1，三稜風帽俑2，女侍俑2，籠冠俑2，雜技俑1，文吏俑1	陶牲8件（袱馬1駄馬1，駱駝2，陶猪2，陶牝猪，陶狗，陶羊，陶鷄1）	庖廚類家居生活陶製明器（陶井，陶磨，陶碓，陶廁，細頸瓶，陶瓶，陶罐，陶盆，陶鐘形器）			金屬器（金環1，銅飾件2）
4	北齊天保六年555年	侯莫陳阿仁伏（西南郊北齊洞室墓）	鮮卑	鎮墓獸1件	鎮墓武士俑12件，披氅武士俑12件，持盾武士俑8件，垂袖男侍俑7件，持物男侍俑，牛車1件，駱駝1件		仿家居生活類明器（盤1件，碗11件），			小泥餅10件爲1組，盒件，燈盞1件，罐10件，雞首壺1件，碓1件，細頸瓶1件，廁1件，灶1件，廣肩瓶1件，銅錢1枚，銅鏡1枚，石碑1件.
5	北齊天保七年西元556年	柳子輝	不詳（高柳）				陶罍2件，陶罐2件，小陶罐1件，陶井1件			玉器（帶鈎一對）青石板2件。
6	北齊天保十年西元559年	竇興（開化村北齊洞室墓）	鮮卑	鎮墓獸2件	鎮墓武士俑2件		陶罐1件，陶細頸瓶1件陶廁1件，陶磨1件，陶碓1件，陶井1件，陶灶1件，陶碗3件	墓誌一合		
7	北齊天保十年西元559年	張肅俗	漢人（代郡平城）	陶鎮墓俑2，陶鎮墓獸1	陶女俑7，陶蹲女俑3，陶武士俑4（殘1）	陶馬2，陶駱駝1，陶牛車1，陶犬2（殘1），陶猪2（殘1）陶雞1	陶碗8（殘2）陶罐陶灶1，陶廁1，陶不知名器（疑爲碓），陶井1，殘陶器1	墓誌一合		.
8	北齊皇建元年西元560年	賀婁悅	鮮卑（高陸阿陽）		鎮墓武士俑，儀仗俑，武士俑，披氅武士俑，文吏俑，僕侍俑，女官俑，女侍俑，女侍跪俑，殘俑兩，鑼墓俑	陶馬，陶駱駝，陶牛，陶猪，陶羊，陶牛車之類		墓誌		

9	河清三年西元565年	狄湛	羌族（馮翊高陸）		三稜風帽俑 5 件，盔甲俑 10 件，執盾俑 2 件，背盾俑 5 件，袒肩俑 13 件，圓盔俑 3 件		庖廚明器（紅陶碗 1 件，紅陶倉 1 件）	墓誌		
10	北齊天統元年西元565年	張海翼	漢人（代郡平城）		鎮墓武士俑 1 件，甲騎具裝俑 1 件，文吏俑 2 件，持盾俑 4 件，甲士俑 5 件，儀仗俑 22 件，女侍俑 3 件，侍僕俑 4 件，	陶牲畜 4 件（臥狗 1 件，子母羊 1 件，陶牛 1 件，駱駝 1 件）	陶器 2 件（長頸瓶 1 件，壺 1 件）	墓誌 1		瓷器（碗）5 件其他 3 件（銅鏡 1 件，銅幣 2 枚，合）
11	天統三年西元567年	庫狄業	鮮卑（陰山）	鎮墓獸	鎮墓武士俑 2 件，三稜風帽俑 29 件，鎧甲俑 3 件，圓頂盔俑 12 件，圓頂風帽俑 11 件，持盾俑 26 件，女官俑 6 件，持劍女官俑件 3，女侍俑 2 件	動物模型（，陶雞 1，陶馬 1		墓誌		瓷器 8 件（瓷灯 1，雞首壺 1，高領瓶 1，唾壺 1，瓷盤 1，瓷扣盒 2，瓷碟 1）陶器 10（罐 2，碗 7，杯 1，陶盤 2，陶車輪模型 2）金屬器（銅釜 1，鐵刀，鐵鏡，銅飾片，鐵合頁，門鼻，鋪首，鐵釘等）
12	北齊天統三年西元567年	韓裔	鮮卑（昌黎）	鎮墓獸 1	女俑 7，男俑 36，武士俑 64，騎馬武士俑 13，力士俑 1，	大陶馬 3，駄糧馬 1，陶羊 2，陶豬 2	盤 4，龍鳳壺 2，盒 3，碗 3，罐 1，陶灶 1	墓誌蓋和墓誌各一方	壁畫殘	貼金“常平五銖錢”4，包金鐵片 4
13	武平元年西元570年	婁叡	鮮卑（朔州）	鎮墓獸 2	鎮墓武俑、武士俑、文吏俑、女官俑、女侍俑、女跪付俑、女僕俑、役夫俑、騎馬武士俑、騎馬文吏俑、騎俑、騎馬樂俑、執物騎俑、駄物騎俑	陶牲（馬、駄馬、駱駝、牛、臥羊、臥狗、雞	陶模型 16（倉 2，碓 2，磨 2，灶 3）陶器 13 件（罐 1，瓶 1，壺 6，碗 5，）	墓誌	墓道至墓室均繪有壁畫	瓷器 76 件（二彩盂 1，熒 4，盤 10，貼花瓶（蓮瓣）2，罐 2，螭柄雞首壺 5，托杯 2，扣盒 11，碗 39）裝飾品 85 件（金飾 1，琥珀獸 2，虮人 2，蚌飾 1，玉璜 12，玉佩 1，珠 1260 粒，殘銀飾 1，殘銅飾 28，鐵飾 17）其它 15 件（瓦當 2，鐵鍬 9，汞，絲織品殘片）石刻 17 件（石獅 8，石柱礎）
14	武平二年西元571年	徐顯秀	漢人（忠義郡）	鎮墓獸 2 件	鎮墓武士俑 2，三稜風帽俑 124，鎧甲俑 13，持盾俑 63，武士俑 3，文吏俑 47，籠冠俑 25，持劍俑 4，女侍俑 16，女俑 1，擊鼓騎俑 8 辮髮騎俑鼓吹騎俑 1，騎馬俑 1			墓誌 1 合	墓道至墓室均有壁畫	瓷器 200 件（有雞首壺 7，尊 1，燈 4，盤 8，碗 110，帶蓋罐 2，圓扣盒碎片約 30，燈盞 2，罐 1，壺 1 等物，表面多施黃綠釉）飾品（金戒指，銀指環各 1）其他（瓦當 1 件，柱礎石 2 件）

15	北齊後期	（南郊北齊壁畫墓）	不詳		鎮墓俑 甲士俑4，儀仗俑21，持盾俑6，擊鼓俑2，騎俑1，立俑1，籠冠俑1，武士俑				繪有墓主坐像壁畫	
16	北齊大寧二年西元562年	庫狄迴洛	鮮卑（朔州部落）		陶俑（按盾武士俑2，負盾武士俑15，披氅侍衛男俑4，袒肩侍衛男俑4，翻袵侍衛男俑12，翻領雙袵侍衛男俑14，伎樂俑3，舞蹈胡俑1，文吏俑1，侍女俑14）	陶羊2	陶瓮1，陶罐2，陶缽2，陶灶1	墓誌三方六合（裂）	墓壁繪有人物及仙界等彩繪	鎏金銅器（三足器1，鐎1，斗1，瓶3，唾壺2，高足杯1，盒1，碗1，蓮花燭台1，龍首4，銅鈎2，響鈴4，銅飾53） 銅錢（常平五銖1，五銖錢） 鐵器（鋤1，劍1，鎖1，活頁7，環7，圓片50多件，環首鉚釘1，長方形鐵片1，鐵釘近百枚） 釉陶器（蓮花寶相紋尊7，盤7，碗8，杯8，盒4） 金石瑪瑙玻璃器（金戒指1，金飾品2，刻花金箔片2，瑪瑙珠1串，冠飾1，獸面人身雕像1，石珠2，瑪瑙獅形飾1，玉璜3，玻璃器1，方解石約150粒，白雲母片一堆） 骨器（骨飾1，骨猪1） 絲織品，漆器，粟粒（炭化）

龍如鳳製表

第四章 墓葬所呈現之民族文化面貌

　　從考古發掘所見，晉北地區墓葬多經盜擾或是後世之破壞，從出土物種類類型分析，多數墓葬出土常見陶製品之明器組成，[註1] 同時石雕物品的普遍發現也呈現當時墓葬隨葬物特色。[註2]

　　拓跋鮮卑從游牧民族的部落聚居到成為一個具有政治權力的國家組織形成，在盛樂時期到山西平城時期是一個重要的階段。自墓葬隨葬器物組成的類型變化，來窺見其文化發展的移動軌跡，可見到相當程度呈現出與漢民族的相互影響。內蒙古地區出土西元二世紀的鮮卑墓葬，鮮卑族從早期使用牛羊獸骨作為陪葬品，以及具有鮮卑風格之陶罐，至西元四世紀後期則出現了漢民族的漆器及器物等，[註3] 由平城早期的鮮卑墓葬亦可看到當時的游牧風俗被帶進平城，而北魏遷都洛陽以至於北齊時期的晉陽，則呈現著與原有鮮卑風格漸漸產生質變現象，從隨葬明器組成已與中原的漢文化一致，一直到墓誌的記載內容，各族墓主所表現的形制統一，且從其隨葬器物組成的規律化，已形成共同的葬俗的模式。

第一節　陶俑的造型

　　自東漢以至魏晉北朝時期，對於墓葬營造的事死如生之厚葬到薄葬風

〔註1〕　楊泓，〈北朝陶俑的源流、演變及其影響〉，《美術考古半世紀——中國美術考古發現史》（北京：文物出版社，1997）。頁126。

〔註2〕　山西省大同市博物館、山西省文物工作委員會，〈山西大同石家寨北魏司馬金龍墓〉，《文物》，1972年3期。

〔註3〕　魏堅主編，《內蒙古地區鮮卑墓葬的發現與研究》，（北京：科學出版社，2004），頁259～260。

氣，學者張捷夫認為與當時統治的儉約作風固有上行下效之作用，但考究其成因仍由不出於：長期戰亂，經濟凋蔽，缺乏厚葬所需要的社會環境和物質基礎、思想觀念的變化（如佛教傳入）、少數民族葬俗的影響及為避免盜發等考量。〔註4〕

俑之取代以活人殉葬或殉以活牲，成為墓葬明器組成內容之一，在春秋時期，孔子曰：「始作俑者，其無後乎？」。學者巫鴻指出自墓葬出土物所見，以俑類像生作為陪葬明器，自西元前 6 世紀到 5 世紀後的墓葬，已成為墓葬裝備中的一個固定組成。〔註5〕而學者楊泓認為北朝時期墓葬俑類的組成不出四類模式：鎮墓俑、出行儀仗、侍僕舞樂及庖廚操作等，〔註6〕到了北魏遷都洛陽前期及後期，墓葬出土的明器組合類型也呈現不同的消長，西晉制度都在遷都洛陽的前期沿襲下來；而遷洛陽的後期，則漸漸只存在鎮墓俑、儀仗出行俑及侍僕俑這三種組合。〔註7〕探討此一時期墓葬墓之所以出現葬出土隨葬物品組成變化的因素，以及製作工藝的表現技巧，與墓主族屬或籍貫等身份的差異所造成的影響，或可提供我們在此一課題所要思考的面向。

一、鎮墓獸及其墓主族屬關係

平城時期的墓葬，山西地區發現的鎮墓獸出自同為漢人的宋紹祖及司馬金龍墓出現，同一時期雖有文明太后位於方山的永固陵，惜因多次的盜擾，墓中器物幾被搜括殆盡，僅存部分如骨梳，石雕等物。至於大同地區出土之鮮卑墓葬，多無紀年以資考證墓主身份，主要是以發掘出之陪葬明器及其墓葬所表現的葬俗，進而比對內蒙古的鮮卑墓葬來確認為鮮卑墓葬。〔註8〕該批墓葬雖無紀年資料可以確知各墓主之身分，但因葬俗呈現一致性，因而視為同一墓葬來討論。〔註9〕

〔註4〕 張捷夫，《中國喪葬史》，台北市：文津出版社，民國 84 年 7 月。頁 119～126。
〔註5〕 巫鴻，鄭岩等譯，〈說俑〉，《禮儀中的美術——巫鴻中國古代美術中文編》，北京：三聯書店，2005 年 7 月。頁 589。
〔註6〕 楊泓，〈北朝陶俑的源流、演變及其影響〉，《美術考古半世紀——中國美術考古發現史》（北京：文物出版社，1997），頁 126。
〔註7〕 曹者祉、孫秉根主編，《中國古代俑》，上海：上海文化出版社，1996。頁 147～148。
〔註8〕 內蒙古文物工作隊，〈內蒙古呼和浩特美岱村北魏墓〉，《考古》，1962 年 2 期，頁 86～88。
〔註9〕 經由考古發掘，平城出土了 200 餘座的鮮卑族墓葬，僅大同南郊墓群就發掘

就鎮墓獸成為墓葬明器組成，在北魏遷都洛陽之後，以至在晉陽地區的北齊時期，不分漢族或鮮卑族，均有發現。北魏平城時期的宋紹祖墓，出土的鎮墓獸為為獸首獸身一具，司馬金龍墓亦是獸首獸身一具。與宋紹祖墓出土同區之M2墓葬則出土人首獸身與獸首獸身各一，文明皇后之方山永固陵亦發現一殘獸腿，疑為鎮墓獸，因相對於同一時期之鮮卑墓群未見鎮墓獸的隨葬組成，北魏平城時期使用鎮墓獸的墓主多為漢族高官，與墓主身份多有相關。及至到了北齊時期的墓葬鎮墓獸則以成對的組成出現，且不僅是在官居一品的貴族墓才發現其踪跡。

宋紹祖墓為紀年477年，介於司馬金龍與其夫人姬辰之474年及484年之間，與此同時的平城地區鮮卑墓葬出土物組成，與呼和浩特大學墓葬出土物組成具有相似的特徵，且墓葬雖無紀年資料，但整體墓葬所顯示的葬俗具有一致性，因此視為一個整體來談。

山西地區就平城及晉陽兩個文化區域，以作為本論文探討鮮卑民族的融滲入中華民族的比較基礎，就出現鎮墓獸的墓葬墓主身份而言，北魏時期於平城地區發掘出鎮墓獸的墓多為漢人之墓，如司馬金龍夫妻合葬墓及宋紹祖夫妻合葬墓。文明皇后雖出身為漢族，但本身自幼因國滅而成為罪孥入宮再受寵倖，其墓葬因多次盜擾而遺存不多，且為皇族身份，當以鮮卑墓葬視之。

（一）晉北地區的北朝墓葬

山西地區北魏時期墓葬出土的鎮墓獸，以漢人墓葬使用居多，且多為高官，例如司馬金龍夫婦合葬墓及宋紹祖夫婦合葬墓。

司馬金龍墓為北魏政權領導中心仍在平城（今山西大同）時期的墓葬，陶俑之中以武士俑及騎馬武士俑數量最多，合計210件，次為戴風帽之男俑113件，女俑15件，另胡俑8件及女樂俑12件等。其他的有家畜類的馬、牛、羊、豬、狗、雞等，陶駱駝則呈現昂首站立姿態的雙峰駱駝造型。〔註10〕。

宋紹祖夫妻合葬墓為2000年在雁北師院擴建工程所發掘的北魏墓群之中編號為M5的墓葬。宋紹祖，在《北史》及《魏書》中均無記載，但由墓銘磚記載他為敦煌人氏及考古報告資料，應與北魏平北涼後（439年）由敦煌遷至

167座墓葬之群聚，但鮮卑一族沒有本身發展的文字，在墓葬群中隨葬組合幾乎都有著夾砂陶罐、平口壺等，故視為同一墓葬來探討，不作個別精細描述，旨在以宏觀角度來看文化的融合。

〔註10〕山西省大同市博物館，〈山西大同石家寨司馬金龍墓〉，《文物》，1972年3期，頁20～33。

平城的宋繇一族有密切關係。〔註11〕

　　除司馬金龍及宋紹祖墓出土鎮墓獸外，與宋紹祖墓同樣位於雁北師院墓群的編號 M2 墓也出土鎮墓獸，同樣均是呈現蹲坐式的人首獸身及獸首獸身，而獸首獸身的虎頭彩繪形象，相似的工藝技術出現在時間接近而墓主不同的墓葬中，是已成爲規制化的漢人墓葬明器之呈現。

圖 4-1-1　北魏平城時期出土鎮墓獸──北魏宋紹祖墓之獸首鎮墓獸

資料來源：山西省考古研究所、大同市考古研究所，〈大同市北魏宋紹祖墓
　　　　　發掘簡報〉，《文物》，2001 年 7 期（北京，2001.07），頁 29。

圖 4-1-2　北魏平城時期出土鎮墓獸──北魏司馬金龍墓之獸首鎮墓獸

資料來源：山西省大同市博物館、山西省文物工作委員會，〈山西大同石家
　　　　　寨北魏司馬金龍墓〉，《文物》，1972 年 3 期。頁 31。

〔註11〕大同市考古研究所，劉俊喜主編，《大同雁北師院北魏墓群》，（北京：文物出
　　　　版社，2008 年）。頁 163。

相對於平城時期鎮墓獸出土於漢人高官墓葬中，〔註12〕文明太后馮氏本是長樂信都人，爲北燕馮朗之女，因鮮卑破北燕而成爲罪孥進入宮廷，但因婚姻而成爲鮮卑族的貴族，〔註13〕方山永固陵雖貴爲北魏文成帝文明皇后馮氏陵墓，且馮氏兩次當權，是北魏平城時期極具影響力的女政治家。永固陵雖於文明皇后當權時即已營建，但因多次盜擾，陪葬明器多已殘破不全，墓中出土有一只疑似鎮墓獸之獸腿。

而北魏平城時期的皇族陵墓——金陵，尚待查考中。平城出土的鮮卑族多爲平民墓葬，且保存鮮卑墓葬的葬俗，以陶容器及部分出土骨器及殉牲爲主的葬俗，與現今在內蒙古地區的盛樂時期有著相同的墓葬明器組成。〔註14〕

（二）晉中南地區的北朝墓葬

北魏在孝文帝遷都洛陽之後，勵精圖治，把一個飽受戰禍的殘破都城經營得經濟繁盛，開創了新的輝煌時代。但到了北魏後期，安居日久，政治廢弛漸致社會動亂。學者李憑及王怡辰認爲其漢化崇尚文治，也造成鮮卑（或北方游牧民族）的邊將武人因地位低下的不滿，〔註15〕引起地方叛亂不斷。因六鎮之亂而使爾朱榮勢坐大，至發動河陰之變後，爾朱榮身在晉陽掌軍國

〔註12〕 司馬金龍墓誌記載其官居吏部尚書，爲二品官；宋紹祖則爲幽州刺史、敦煌公，爲三至四品。參見《魏書》卷一百一十三官氏志。

〔註13〕 《魏書》，卷一三，〈皇后列傳第一〉，文明太后本爲長樂信都人，是北燕馮朗之女。另參見李憑，《北魏平城時代》，北京：社會科學文獻出版社，2000年。頁225～226，在〈第四章太后聽政〉探討文明太后在8歲以前入宮，而最初的身份只是一名罪孥。

〔註14〕 北魏平城出土的鮮卑墓群，多爲平民階層的墓葬，現有發表發掘報告的4個較大的墓群，未見立有相關的文字等，依據其墓葬隨葬組成多爲相近，因此各墓群係以同一墓葬葬俗視之。即：（1）大同市考古研究所，〈山西大同迎賓大道北魏墓群〉，《文物》，2006年10期，頁50～71。（2）大同市考古研究所，〈山西大同七里村北魏墓群發掘簡報〉，《文物》，2006年10期，頁25～49。（3）山西省考古研究所，大同市博物館，〈大同南郊北魏墓群發掘簡報〉，《文物》，1992年8期，頁1～11。（4）韓生存，曹承明，胡平〈大同城南金屬鎂廠北魏墓群〉，《中國考古集成　華北卷　北京市、天津市、河北省、山西省　魏晉至隋唐（一）》（瀋陽：哈爾濱出版社，1994），頁888～895。原載於北朝研究1996年1期。

〔註15〕 學者研究北魏之亡，潛在的因素之一即是因孝文帝的漢化政策，原本武將的地位備受尊崇，有功則賞，戰功受重視而重用的鎮邊之將兵在漢化政策實施後，地位勢力一落千丈。六鎮之亂雖是北魏政權的最大主因，但是不能忽略北魏孝文帝漢化政策的施行。參見王怡辰，《東魏北齊的統治集團》，頁405～408。以及李憑，《北魏研究存稿》，〈論北魏遷都事件〉，頁23～41。

大權，仍對洛陽政權行使遙控，學者陶賢都認為是行霸府之治的開始。〔註16〕
洛陽的政權核心在河陰之變後，原本在洛陽時期的政治精英分子已被誅殺殆
盡，雖有孝庄帝於永安二年（530 年），設計殺爾朱榮，但北魏政權已陷於混
亂。先是分裂成東西魏。學者王怡辰指出東魏都城鄴城但仍以晉陽為霸府，
形成二元統治，〔註17〕而北齊再取而代之。

　　東魏──北齊時期，高歡父子以鄴城為都，在晉陽又另立別都，設大丞
相府於晉陽，東魏──北齊國祚前後僅 44 年的政權統治，晉陽因軍事霸府核
心所在，地位則與鄴城等同重要。晉中南地區在此一時期出土的墓葬墓主除
北齊皇族未見之外，自王級以下多有北齊高官，鎮墓獸出現在墓葬隨葬組成
之中，已呈現未受到品秩及種族的限制所規範，與晉北地區相較，鮮卑的草
原特徵已被漢化而漸不顯。

　　晉中南地區在晉陽地區出土之北齊墓葬，茲以一為屬鮮卑族的婁叡，一
為屬漢族的徐顯秀，兩者官秩均為一品，作為比較及探討的標的如下：

　　婁叡出身鮮卑望族，以父身為尚書，而其因武功而受封賞，又身為皇親
外戚，在東魏北齊均是舉足輕重的人物。在婁叡墓中隨葬組成可看到當時北
齊的達官貴族生活方式，婁叡雖為鮮卑貴族，但其長期處於漢文化洗禮下，
在墓葬之中，鮮卑部族游牧式文化的特徵已不佔多數，反之漢族文化的因素
成為墓葬隨葬組成的大宗。尤其是墓中也出現成對的鎮墓獸，人首獸身鎮墓
獸的形象帶滿面鬍鬚，濃眉大眼大口，十足的胡人形象；而獅形的獸首鎮墓
獸，背上的戟形飾，更帶有濃厚的西域傳入的外來色彩。

　　徐顯秀，忠義郡人，依墓誌記載，其祖徐安及父徐珍均在北魏鎮邊官員，
本投爾朱榮，后追隨高歡，屢建戰功，因功勛升遷，入北齊後，封武安王。
其在史書中亦有姓名，但僅是作為他人傳記順帶一筆而已。〔註 18〕歷任徐州
刺史、大行台尚書右僕射，拜司空公，再遷太尉。武平二年（571 年）正月死
於晉陽家中，至十一月葬於晉陽。

　　徐顯秀墓隨葬的鎮墓獸出土 2 件，獅首深目怒視，血口大張，頷下有兩

〔註16〕陶賢都，《魏晉南北朝霸府與霸府政治研究》，湖南：湖南人民出版社，2007。
　　　　頁 173～182。
〔註17〕王怡辰，《東魏北齊的統治集團》，台北市：文津出版社，2006 年 10 月。頁
　　　　146。
〔註18〕唐李百藥，《北齊書》，卷八，〈帝紀第八〉，頁 102；唐李延壽，《北史》，卷八，
　　　　〈齊本紀下第八〉，頁 291。

撮卷曲絡腮鬍鬚，背有豎兩撮劍式鬃毛，長尾上卷至背部，形象混合著外來的獅子及西域胡人形象。

　　除了以上兩座大型的墓葬外，在晉陽出土的一些中小型墓葬，其墓中的隨葬組成，也讓我們得以拼湊當時的社會生活面貌，以及文化融合的風格。晉陽墓葬墓主出土鎮墓獸之墓中雖有族屬不詳的如西南郊北齊洞室墓（侯莫陳阿仁伏）、開化村北齊洞室墓（竇興）及韓裔墓，但也有從墓誌確知其為漢族的北齊壙坡張肅俗墓，鮮卑族的神堂溝北齊賀婁悅墓及北齊庫狄業墓等，學者林信志認為正說明當時社會，運用漢人葬俗與墓中元素，自身信仰與生死觀結合，[註19] 對於走向葬俗文化的腳步逐漸一致。如表 4-1-1。

表 4-1-1　晉中南地區出土北齊隨葬鎮墓獸墓主族屬及官秩表

墓　主	族屬	官品	鎮　墓　獸　形　象	備　註
北齊 侯莫陳阿仁伏 天保六年 （555 年）	不詳	不詳		候莫陳 為姓氏
北齊 竇興 天保六年 （559 年）	不詳	不詳		墓誌僅 存字
北齊 張肅俗 天保六年 （559 年）	漢族	處士		

[註19] 林信志，《北朝隋唐鎮墓獸研究》，逢甲大學 94 年碩士論文，未出版，頁 208。

北齊 賀婁悅 皇建元年 （560年）	鮮卑	三至 四品		
北齊 庫狄業 天統三年 （565年）	鮮卑	三至 四品		
北齊 韓裔 天統三年 （567年）	不詳	三至 四品		父韓賢 廣寧人
北齊 婁叡 武平元年 （570年）	鮮卑	一品		
北齊 徐顯秀 武平二年 （571年）	漢族	一品		

製表：蕭如鳳

出土於晉陽的鎮墓獸多為一對同時出現，也有只發現一隻的情況，由於北朝戰禍頻仍，出土的墓葬亦盜擾，在晉陽出土之鎮墓獸外觀圖像與平城時期即有相當的差異：人首獸身或獸首獸身的鎮墓獸外貌，已由平滑的軀體轉為出現角、戟形飾、羽飾、火焰紋等，造形除採蹲坐姿態製作外，獸首鎮墓獸形象擬獅形，帶有羽飾如飛天神獸，對照北魏洛陽時期在洛陽出土之鎮墓獸，即已出現擬獅形及戟形飾的鎮墓獸，且有疑似黑人俑出土，〔註20〕足見當時的洛陽不僅匯聚四方的人民，也吸引中西交流而至的外來商旅，葬俗的形式來自融匯各民族社會生活之內涵，學者李零以獅子為本非中土所產，〔註21〕故出現其形象的鎮墓獸，也是極大程度受到外來文化交流的影響。在北魏分裂為東西魏，再改元為北齊及北周，國都遷到鄴城，且以晉陽為陪都之後，學者鄭岩研究墓壁畫指出，在晉陽的葬俗亦沿襲鄴城規制。〔註22〕

此一時期在山西出土的墓葬，幾乎集中於晉陽區域所發掘，〔註23〕此地的少數民族墓葬出土數量較大的原因，除了身為現今的山西省會太原市，因城市建設多有探勘挖掘地下考古遺址外，晉陽本身在東魏的霸府及北齊時的陪都地位，形成除了鄴城之外的另一政治、經濟及社會文化的中心。晉陽的大中型紀年墓葬墓主多有擔任過鎮邊將領及地方官吏，這些來自北方游牧民族的漠北草原，或是出自六鎮地區的軍吏，在北魏末期基本上都已漸漸融入漢文化，再加上其後代子孫以此地為籍，將先人葬於此地，並以墓誌記載其先人的祖籍、生於何地、鎮守何方及官居品第，薨於何地何時等等，顯見北朝的北方民族在晉陽已在當地落地生根，且因征戰或自西域傳入吸引並匯聚各地往來的商族，及因城市謀生的社會流動人口，也是造成晉陽的北方民族

〔註20〕洛陽博物館，〈洛陽北魏元邵墓〉，《考古》，1973年4期，頁220～1。在元邵墓中出土一只蹲坐童俑，其面目雖因埋頭並以手圍抱而未見，但滿頭卷髮的造型和唐代的黑人俑極為相近，唐代黑人俑造型參見：曹者祉、孫秉根主編，《中國古代俑》，上海：上海文化出版社，1996年，頁276，305；以及香港文化博物館編，《走向盛唐—文化交流與融合》，香港：康樂及文化事務署，2005年，頁232。

〔註21〕李零，《入山與出塞》，〈獅子與中西文化的交流〉北京：文物出版社，2004年。頁145～147。

〔註22〕鄭岩，《魏晉南北朝壁畫墓研究》，頁200。

〔註23〕彭娟英，〈北齊墓葬～展現一個朝代的盛世繁華〉，《中國文化遺產》，2008年1期，（北京，2008.1），頁56。晉陽地區（現山西太原）現出土了19座北齊大型墓葬，除沒有發現北齊皇室成員墓冢外，自王級以降的各級官員墓葬均有出土。部分墓葬如韓祖念等出土報告尚未發表。

在此蓬勃發展的因素。

二、出行儀仗俑與侍僕舞樂俑

　　墓葬中的陪葬俑類，自北魏在遷洛陽前後相比，數種及數量多有增加及品類豐富的情況。北魏平城時期基本上沿襲西晉的傳統，及至遷洛後及東魏北齊時期，從出土報告可看到，隨葬的人物俑群不僅有數量多，甚至多達上千件者。〔註24〕在此探討者主要聚焦於俑群所具有的功能種類，及其裝束呈現不同的變化，除了其因應葬俗而大量模製的生產工藝，對應制式化俑群的製造，在當時的社會生活中，特為生產燒製隨葬物品的工坊，以及成為共同的葬俗而出現的需求，已應運而生。

　　晉北地區的北朝墓葬隨葬人物俑者多為漢族墓葬，如表 4-1-2 所示。

表 4-1-2　晉北地區北朝墓葬隨葬人物俑群組合表

序號	墓 主 年 代	族屬（籍貫）	隨葬人物俑群組合種類及數量	備　　註
1	破多羅太夫人，435 年	鮮卑	×	
2	宋紹祖，477 年	漢人	鎮墓武士俑 2，甲騎具裝俑 26，雞冠帽武士俑 32，男俑三式 45，女俑 6，胡俑 4，總計 115 件。	
3	下深井北魏墓，平城時期（約與宋紹祖墓相當）	北方游牧貴族	侍者俑 2 式 4 件。	
4	司馬金龍，484 年	漢人	武士俑 122，騎馬武士俑 88，男俑 2 式 113，女俑 2 式 17，胡俑 8，女樂俑 12，總計 360 件。	
5	智家堡北魏石槨壁畫墓，484～489 年	不詳	×	壁畫繪有垂裙皂帽人物圖像
6	湖東北魏一號墓，484～494 年	不詳	×	

〔註24〕隨葬陶俑的數量在北魏平城時期司馬金龍墓的 300 餘件，宋紹祖墓的 170 餘件到北齊徐顯秀墓的 550 餘件、東安王婁叡的 800 餘件。婁叡墓之墓葬出土物已有專書詳為介紹：太原市文物考古研究所，《北齊婁叡墓》，（北京：文物出版社 2004）。甚至東魏時期的茹茹公主墓更高達 1 千餘件，更見厚葬之風。參見磁縣文化館，〈河北磁縣東魏茹茹公主墓發掘簡報〉，《文物》，1984 年 4 期（北京，1984），頁 1～9）。

7	智家堡北魏棺板畫墓，484～494年	不詳	×	
8	方山永固陵（文明皇后馮氏墓，490年	鮮卑	×	盜擾嚴重
9	北魏墓群之一（電銲廠），平城時期	鮮卑	×	墓群葬俗特徵一致，故以單一墓葬視之
10	北魏墓群之二（迎賓大道），平城時期（出土紀年碑466年一座）	鮮卑	垂裙皂帽陶頭像俑（殘）1。	墓群葬俗特徵一致，故以單一墓葬視之
11	北魏墓群之三（金屬鎂廠），平城時期中後期	鮮卑	×	墓群葬俗特徵一致，故以單一墓葬視之
12	北魏齊家坡，平城時期晚期	鮮卑	×	
13	北魏墓群之四（七里村），平城時期至遷洛	鮮卑	人物陶俑 11（僅手製塑出大致輪廓，頭戴風帽，垂裙，中間縫綴痕跡明顯）。	墓群葬俗特徵一致，故以單一墓葬視之
14	封和突，501～504年	鮮卑	×	為二次葬
15	元淑，507年	鮮卑	×	
16	方興，518～520年	鮮卑	×	原墓已失

製表：龍如鳳

　　由表4-1-2整理所呈現的晉北地區北朝墓葬，可看到使用人物俑隨葬還不是普遍的葬俗，且多出自漢族墓葬，如司馬金龍夫婦合葬墓的350件及宋紹祖夫婦合葬墓的115件，以俑類的裝扮以武士及騎馬俑為多，在表中亦可看出使用俑類的隨葬組成，受到墓主身份及其地位的影響，此兩墓同時出土的胡俑，及鮮卑裝扮的俑類，說明墓主的身份不是一般百姓。

　　到了晉中南地區的北朝墓葬，如表4-1-3所整理者，使用俑類組成已不分漢族或北方民族的葬俗，除了張肅俗為處士身分且早在25歲之年即歿，未有襲爵之官祿，其使用的俑類以女俑類為主，是為象徵服待主人的功能；其他如賀婁悅、狄湛、張海翼、庫狄業、婁叡、徐顯秀、庫狄迴洛等墓主，多出土武士俑類，正是一個表現對晉陽身為北齊軍事中心的霸府之治的側面。

　　至於在晉中南地區的墓主，徐顯秀為漢族，與其他鮮卑族的墓葬所使用的俑，除了表現漢化的民族融合外，人物俑率多使用之武士俑、騎馬俑佔極大的比例，可以印證到晉陽在當時為軍事中心的史實，所以才會有為數較多的武士俑類隨葬組成。

表 4-1-3 晉中南地區北朝墓葬隨葬人物俑群組合表

序號	墓主（墓群）年代	族屬（籍貫）	隨葬人物俑群組合種類及數量	備註
1	（秦村北魏墓），499年	不詳	×	
2	辛祥，518～520年的二次葬	漢人	×	
3	賀拔昌，553年	鮮卑	按盾武士俑2，甲騎具裝俑1，騎馬執物俑3，擊鼓騎俑2，鼓吹騎俑1，背盾俑1，三稜風帽俑2，女侍俑2，籠冠俑2，雜技俑1，文吏俑1，總計18件。	
4	侯莫陳阿仁伏，555年	鮮卑	鎮墓武士俑2件，披氅武士俑12件，持盾武士俑8件，垂袖男侍俑7件，持物男侍俑10，持物男侍俑10，總計49件。	
5	柳子輝，556年	不詳	×	
6	竇興，559年	鮮卑	鎮墓武士俑2件。	
7	張肅俗，559年	漢人	陶鎮墓俑2，陶女俑7，陶蹲女俑3，陶武士俑4，總計16件。	
8	賀婁悅，560年	鮮卑	鎮墓武士俑2，儀仗俑3，武士俑1，披氅武士俑2，文吏俑3，僕侍俑2，女官俑2，女侍俑2，女侍跪俑1，殘俑頭1，總計19件。	
9	狄湛，565年	羌族	稜風帽俑5，盔甲俑10，執盾俑2，背盾俑5，袒肩俑13，圓盔俑3，總計38件。	
10	張海翼，565年	漢人	鎮墓武士俑1，甲騎具裝俑1，文吏俑2，持盾俑4，甲士俑5，儀仗俑22，女侍俑3，侍僕俑4，總計42件。	
11	庫狄業，567年	鮮卑	鎮墓武士俑2，三稜風帽俑29，鎧甲俑3，圓頂盔俑12，圓頂風帽俑11，持盾俑26，女官俑6，持劍女官俑3，女侍俑2，總計94件。	
12	婁叡，570年	鮮卑	鎮墓俑2，鎮墓武俑2，武士俑91，文吏俑103，女官俑45，女侍俑31，女跪侍俑3，女僕俑1，役夫俑3，騎馬武士俑40，騎馬文吏俑4，騎俑2，騎馬樂俑22，執物騎俑10，馱物騎俑1，總計360件。	
13	徐顯秀，571年	漢人	鎮墓武士俑2，三稜風帽俑124，鎧甲俑13，持盾俑63，武士俑3，文吏俑47，籠冠俑25，持劍俑4，女侍俑16，女俑1，擊鼓騎俑8，辮髮騎俑1，鼓吹騎俑1，騎馬俑1，總計327件。	
14	（貴族婦人），北齊後期	不詳	鎮墓俑2，甲士俑4，儀仗俑21，持盾俑6，擊鼓俑2，騎俑1，立俑1，籠冠俑1，武士俑1，總計39件。	

| 15 | 庫狄迴洛，562 年 | 鮮卑 | 陶俑（按盾武士俑 2，負盾武士俑 15，披氅侍衛男俑 4，袒肩侍衛男俑 4，翻衽侍衛男俑 12，翻領雙衽侍衛男俑 14，伎樂俑 3，舞蹈胡俑 1，文吏俑 1，侍女俑 14），總計 70 件。 | |
| 16 | 韓裔，567 年 | 鮮卑 | 女俑 7，男俑 36，武士俑 64，騎馬武士俑 13，力士俑 1，總計 121 件。 | |

製表：龍如鳳

三、動物俑（家畜）類

　　家畜是指經人類馴養作為勞役、食用或取其皮毛製衣遮體禦寒等的動物。學者王仲殊指出，在漢代從墓葬中陪葬物品的類型所見到的，使墓主死後生活已變得完備無缺。〔註 25〕學者李如森認為大量家畜、家禽及牲畜圈的成套模型，標誌著莊園經濟的加強及財富的集中和農業的發達。〔註 26〕唯在經過東漢末年以來的連番瘟疫及戰禍摧殘之後，農莊經濟受人口因瘟病而減少，土地亦飽受蹂躪，亦連帶影響隨葬組成。

　　在隨葬組合之中，就動物俑的類別而言，僅北魏平城時期與北齊晉陽時期，漢族和鮮卑族的墓葬，整理列表中亦呈現出駱駝及馬出現之比例較高。從北魏平城時期出土之鮮卑墓葬仍保有出土骨器之情況，如元淑墓，迎賓大道北魏墓群等，此一時期鮮卑仍沿襲使用獸骨隨葬或是在墓葬隨葬品出現骨器的情形。

　　晉北地區於平城時期顯示仍保有舊俗之殉牲葬俗，及至到了晉中南地區的東魏北齊時期，在晉陽地區則是見以陶牲之隨葬，如表 4-1-4 所列：

表 4-1-4　山西地區北朝墓葬隨葬陶牲之墓葬及種類

時期及地區	墓葬（墓群）	族　屬	出土動物模型種類	備　註
北魏平城晉北地區	宋紹祖	漢	馬 12 件，駄糧驢 2 件，牛 4 件，陶車 6 件，駱駝 1 件，豬 1 件，羊 2 件，狗 2 件。	
北魏平城晉北地區	（下深井北魏墓）	北方游牧貴族	狗 1 件，羊 2 件，豬 2 件。	
北魏平城晉北地區	司馬金龍	漢	馬 17 件，牛 5 件，羊 2 件，豬 2 件，狗 2 件，雞 1 件，駱駝 3 件。	

〔註 25〕王仲殊，〈漢代物質文化略說〉，《考古通訊》，1956 年第 1 期（北京，1956），頁 75。
〔註 26〕李如森，《漢代喪葬禮俗》，瀋陽：瀋陽出版社，2003 年。頁 149～154。

北魏平城 晉北地區	（迎賓大道墓群）	鮮卑	馬1件。	
北魏平城（至遷洛陽） 晉北地區	（七里村墓群）	鮮卑	豬2件，狗2件。	
東魏——北齊 晉中南地區	賀拔昌	鮮卑	馬2件，駱駝1件，豬1件，狗1件， 羊1件，雞1件。	
東魏——北齊 晉中南地區	婁叡	鮮卑	馬13件，駱駝4件，牛1件，豬10 件，羊6件，狗5件，雞3件。	
東魏——北齊 晉中南地區	侯莫陳阿仁伏	不詳	牛車1件，駱駝1件。	
東魏——北齊 晉中南地區	賀婁悅	鮮卑	馬1件，駱駝1件，牛1件，豬3件， 羊4件。	
東魏——北齊 晉中南地區	張海翼	漢族	狗1件，羊1件，牛1件，駱駝1件。	
東魏——北齊 晉中南地區	張肅俗	漢族	馬2件，駱駝1件，牛1件，狗2件， 豬2件，雞1件。	

製表：龍如鳳

　　由上列整理之表可看出隨葬陶牲的種類分佈，不外漢族所稱「六畜」之馬、牛、羊、狗、雞、豬等家畜等外，更可看到隨葬陶駱駝是很普遍的事。馬是作為人們代步之用，或騎乘載運使用。在戰場上，北方民族擅長馬背生活，平日騎馬游牧，管理廣大草原放牧的牛或羊等牲口，戰時作為在戰場金戈爭鳴，能抉捷取勝的行動座騎，因此早在春秋戰國時期，趙武靈王曾經以「胡服騎射」之標準，以為學習胡人作戰之長處。駱駝又稱「沙漠之舟」，是種能耐沙漠長程跋涉，路途中缺少水份補充，既耐暑熱又具有背上駝峰儲存體脂來應付飲食不足之動物，其眼睫毛特別長如同簾扇一般，可以防止風沙的侵襲；蹄掌肥厚可以行走沙漠而不受沙漠地形所限，又能在沙暴擊襲時低下身供作人們擋沙暴之屏蔽，保護人們遭受沙暴時的身體安全，因此對於商旅往來大漠是極為重要的運輸工具。尤其是穿越大漠的中亞商旅，更是成群結隊的形成駝隊的行走，除了安全的考量外，就是看中駱駝穿越沙漠的能耐以及其負載物品的本事。

　　晉北地區在宋紹祖墓及司馬金龍墓，同屬漢族墓葬出土陶駱駝之隨葬組合，在同時期的鮮卑墓葬則未見出土。到了東魏——北齊時期的晉陽，學者張慶捷指出陶駱駝存在各族墓葬之隨葬組成中的普遍性，並探討出駱駝的負

載物品有無及其載物之裝飾，其演變的軌跡，與當時中外交流的頻繁，商旅交易的興盛繁榮，高度呈現相當程度的社會生活樣貌。〔註27〕

圖 4-1-3　司馬金龍墓出土之陶駱駝

資料來源：龍如鳳攝自山西博物院

圖 4-1-4　宋紹祖墓出土之陶駱駝殘存之線圖

資料來源：山西省考古研究所、大同市考古研究所，〈大同市北魏宋紹祖墓發掘簡報〉，《文物》，2001 年 7 期，頁 27。

　　北魏平城時期的司馬金龍墓葬出土之陶駱駝，爲站立姿態，身無負載物品，塑造形態僅造像而未併同表現其用途或功能，及至北齊張海翼及賀拔昌墓出土時，則可見其背負物品，張口作嘶鳴狀，而張海翼墓的駱駝之前雖殘，

〔註27〕張慶捷，〈北朝入華外商及其貿易活動〉，《4～6 世紀的北中國與歐亞大陸》，（北京，科學出版社，2006 年）。頁 24，

其姿勢似乎正要從蹲跪起立之勢，如圖 4-1-5 所示；賀拔昌墓的駱駝則是四足
如正在行走狀態，如圖 4-1-6 所示，表明其形像的塑造是以真正在作為運送物
品的功能為範本。婁叡墓的騎駱駝俑，騎俑的形象被塑造得和高大健壯的駱
駝不成比例，如圖 4-1-7 所示，這在穿梭於大漠的商隊以陶駱駝之造形表現，
正投射當時社會上對於中西商隊的財富觀點，代表被用以誇耀於墓葬隨葬組
成。

圖 4-1-5　東魏──北齊時期晉陽出土張海翼墓之駱駝

資料來源：李愛國，〈太原北齊張海翼墓〉，《文物》，2003 年 10 期，
　　　　　頁 44，47。

圖 4-1-6　東魏──北齊時期晉陽出土賀拔昌墓之駱駝

資料來源：太原市文物考古研究所，〈太原北齊賀拔昌墓〉，《文物》，
　　　　　2003 年 3 期，頁 19，24。

圖 4-1-7 東魏——北齊時期晉陽出土婁叡墓之駱駝

婁叡墓之陶駱駝及牽駱駝俑　　　　　婁叡墓之騎陶駱駝

資料來源：龍如鳳攝自山西博物院

　　再看墓葬中常出現的陶馬，司馬金龍墓之陶馬裝飾與功能方面，仍以家畜視之，而馱糧馬則是以糧袋作為其載送的形像，如圖 4-1-8 所示。其造形上除馬體外，裝飾之物品幾乎不見，而在東魏——北齊時期晉陽出土之婁叡墓的陶馬，如圖 4-1-10 所示，則是身披飾巾，且在馬鞍至馬臀則加綵帶及三只綵飾，馬體造型高壯雄偉，馬頭對馬身之比例較小，司馬金龍墓的馬身形較低，馬頭對馬身之比例與東魏——北齊時期的陶馬而言，相對較為長而寬大，馬之四腿較之馬之身形而言顯得較為細長，不同時期及不同地區出土之隨葬組成，即使是同一種動物俑，也因各時期及地區所特有葬俗或當時的工藝技術，以及工匠本身具有的審美觀，而顯現各其所代表不同的工藝特徵及流行風格。

圖 4-1-8 北魏平城時期司馬金龍墓之陶馬及馱糧馬

陶馬　　　　　　　　　　馱糧馬

資料來源：龍如鳳攝自山西博物院

圖 4-1-9　東魏——北齊時期晉陽出土賀拔昌墓之馱馬與袱馬

賀拔昌墓之馱馬　　　　　　　　　賀拔昌墓之袱馬

資料來源：太原市文物考古研究所，〈太原北齊賀拔昌墓〉，《文物》，

2003 年 3 期，頁 19，24。

　　而賀拔昌墓及婁叡墓的馱馬與袱馬，除了裝飾的特色外，陶馱馬的造型幾出同轍。婁叡墓之馱馬馬背上捆了隻羊，前掛了兔子，而賀拔昌墓的馱馬也如此，只是前面沒掛兔子，其餘在馬背上所披的袱袋及馬身裝飾的造型，整體呈現的是類似的模式。如圖 4-1-9 與圖 4-1-11 所示。由於各考古的器物因時因地而稱呼略有差異，對於隨葬組成的出土物因認知不一，其用途常因各考古報告撰寫而殊，但是器型如動物俑的原始體態還是一定的，因此在本論文中僅以動物俑為統一的隨葬組成之一部分內容，再以其外觀的圖像來討論文化交流的影響。

圖 4-1-10 東魏——北齊時期晉陽出土婁叡墓之陶馬

資料來源：龐如鳳攝自山西博物院

圖 4-1-11　東魏──北齊時期晉陽出土婁叡墓之陶駄馬

婁叡墓之陶駄馬　　　　　　婁叡墓之陶駄馬（攝自山西博物院）

資料來源：山西省考古研究所、太原市文物管理委員會，〈太原市北齊婁叡
　　　　墓發掘簡報〉，《文物》，1983 年 10 期，頁 10。

第二節　壁畫配置及內容

　　漢代厚葬風氣，以事死如生大肆營造墓葬用具，學者黃淑芬認為從槨墓
到室墓的演變也代表了當時生死觀念的變化的結果。〔註 28〕到東漢時，室墓
的營造也提供了壁畫墓的發展空間。墓室從多槨含耳室的方室形到帶長斜坡
道墓道並墓室向上突起圓形屋頂，形成天圓地方的宇宙觀，且在墓室的頂部
畫上星象來象徵天空，墓主人的坐像圖漸成為墓室的主體，其餘的空間除有
描繪墓主人的生前生活及官場儀仗外，宗教信仰及對於死後世界想像的追
求，已漸取代儒家的教忠教孝成為壁畫的主要題材，顯現出受到生死觀及宗
教觀而改變的部分葬俗。

一、壁畫配置

　　墓葬的繪畫，泛指圖像運用在墓葬的物體中，其圖像載體涵括使用屏風、
棺板或墓道。晉北地區之墓壁畫配置表，如表 4-2-1，迄至目前，晉北地區唯
一較完整的墓壁畫墓為破多羅太夫人墓，另外榆林出土的方興石棺邊板，可
以看到漢人的龍虎祥瑞圖像已成為圖像的主體。

〔註28〕室墓從傳統豎穴槨墓構造的基礎上歷經三個階段發展變化而來，參見黃曉
　　　芬，《漢墓的考古學研究》，湖南長沙：岳麓書社，2003 年 7 月，頁 276。

表 4-2-1　晉北地區墓葬壁畫配置表

出土地點或墓主	族屬	壁　畫　配　置	備　註
司馬金龍〔註29〕	漢	木板漆屏風板，以帝王烈女圖爲內容，並有榜題及說明文字。	較完整的有五塊。
破多羅太夫人〔註30〕	鮮卑	壁畫分墓壁及漆皮畫片兩部分： 一、墓壁：分佈於墓室四壁和甬道的頂、側部。以分層圖像配置法和獨立圖像配置法合二爲一的方法。場面盛大，內容豐富多彩。東壁爲正壁並有男女主人端坐於建築物帷幔中，其餘各壁繪有出行、庖廚炊作、武士騎裝、宰羊以及釀酒打水等畫面。甬道頂繪有女媧伏羲下半身龍身長尾交纏，中間有摩尼寶珠；甬道兩側繪武士及人面龍身的形象。 二、漆皮：夫婦并坐、庖廚炊作、打場等畫面。	爲北魏平城時期墓葬唯一保存完整的壁畫墓。漆皮破損嚴重。
北魏方興〔註31〕	不明	兩片前高後低的石棺幫板，一側中央以虎圖像及雜技等生活形象爲內容，另一側則以墓主乘龍升天並以忍冬裝飾。	原墓已失
大同智家堡石槨墓〔註32〕	不詳	以石槨內四壁、頂部、三角形樑和脊槫上爲載體。北壁爲主體繪有墓主端坐帳帷中，身旁有女侍；東壁繪以男侍而西壁以女侍爲畫面，南壁則繪有牛車出行圖。裝飾多以帶狀或四瓣纏枝忍冬紋主。	
大同智家堡墓棺板畫墓〔註33〕	不詳	墓棺板三塊配置主體分別爲： 一、出行、狩獵 二、奉食。 三、車輿。	原墓已失，僅清理出三塊彩繪畫棺板。
註：僅表列晉北地區具壁畫之墓葬。			

龍出如鳳製表

〔註29〕 山西省大同市博物館、山西省文物工作委員會，〈山西大同石家寨北魏司馬金龍墓〉，《文物》，1972 年 3 期，頁 20～33。

〔註30〕 大同市考古研究所，〈山西大同沙嶺北魏壁畫墓發掘簡報〉，《文物》，2006 年 10 期，頁 4～24。

〔註31〕 王太明、賈文亮，〈山西榆社縣發現北魏畫像石棺〉，《考古》，1993 年 8 期，頁 767。

〔註32〕 王銀田，劉俊喜，〈大同智家堡北魏墓石槨壁畫〉，《文物》，2001 年 7 期，頁 50。

〔註33〕 劉俊喜，高峰〈大同智家堡北魏墓棺板畫〉，《文物》，2004 年 12 期，頁 35～47。

　　晉中南地區北朝墓壁畫配置，如表 4-2-2 所示。到了晉中南地區，繪有壁畫的墓葬則以配置全墓，墓主畫像或出行儀仗圖，以及天象星辰、祥瑞圖形與傳自西方的紋飾並用。沿襲西晉以來牛車出行的風尚，與車馬出行並列。

表 4-2-2　晉中南地區墓葬壁畫配置表

出土地點或墓主	族屬	壁　畫　配　置	備　註
北齊婁叡〔註34〕	鮮卑	墓壁全部繪有壁畫，分為大部分： 一、墓道全部，天井的中、下層，甬道、墓室的下欄，以大型長卷，描繪墓主生前生活的顯赫場面。 二、墓門甬道與天井上欄墓室頂部和上中欄繪以墓主人死後飛升的空幻境界。	
北齊徐顯秀〔註35〕	漢	分三部分： 一、墓道，過道，天井內，為儀仗隊列。 二、甬道口與兩壁是執鞭、佩劍的儀衛。 三、墓室內為墓主人宴飲、出行等內容。 甬道口券頂上方繪神獸 2 個及寶相蓮花、雲氣紋，墓室頂為星辰天象圖。墓室北壁繪墓主夫婦宴飲作樂，兩側的樂伎再沿東西壁配置牛車、備馬圖，並各自延續穿出過洞至墓道的出行儀仗圖。人物圖像以真人大小繪製，並整體作穿出墓室之空間，形成一氣呵成式體裁。	
太原南郊北齊壁畫墓〔註36〕	鮮卑	墓室四壁，各壁分上中下三層繪製： 上層為星辰天象（已脫落殆盡）；中層為乘龍騎虎的神仙、羽人等；下層是墓主人世俗生活圖景，也是壁畫最主要的內容。北壁繪端坐於墨綠床的三位女性。	
北齊庫狄迴洛〔註37〕	鮮卑	主要在門楣兩面和兩扇板門，以及甬道東西二壁的六幅壁畫，均有破損及漫漶。各幅畫像題材為朱雀彩雲、忍冬、白虎祥雲、青龍及人物畫兩幅。	
註：僅表列晉中南地區具壁畫之墓葬。			

龍如鳳製表

〔註34〕山西省考古研究所、太原市文物管理委員會，〈太原市北齊婁叡墓發掘簡報〉，《文物》，1983 年 10 期，頁 1〜23。以及專書太原市文物考古研究所，《北齊婁叡墓》，（北京：文物出版社 2004）。

〔註35〕山西省考古研究所、太原市文物考古研究所，〈太原北齊徐顯秀墓發掘簡報〉，《文物》，2003 年 10 期，頁 4〜40。

〔註36〕山西省考古研究所，〈太原南郊北齊壁畫墓〉，《文物》，1990 年 12 期，頁 1〜10。

〔註37〕王克林，〈北齊庫狄迴洛墓〉，《考古學報》，1979 年 3 期（太原市，1979），頁 377〜402。

二、壁畫內容及意義

　　祥瑞圖像運用在墓葬之中，就龍虎圖騰而言，最早發現的考古實證是出土於河南濮陽西水坡仰韶文化遺址，以蚌塑成龍與虎的圖形分置於墓主骨骸的兩側。〔註 38〕學者李零認為運用到式的方位，青龍與白虎即成為天象圖以及方位的象徵，也演化成為後世的十二生肖圖的前身。〔註 39〕又北魏榆社的北魏石質葬具，龍與虎的圖像則分別線刻於石棺邊棺各一具。主圖飾為虎形者，其居中佔了幾近全版的面積，而週邊則以墓主生前的出行，雜技表演以及狩獵活動為內容；主圖飾為龍形者，亦是幾佔全版面積，所與虎不同者，是墓主乘騎於龍背之上成飛行之像，而週邊則綴以奇木與珍禽及眾人清談及騎乘馬匹或儀仗出行的場面。漢代以儒術作為政治統治的手段，講求尊君敬天地以及倫理人常的思想以使民心順從，到了東漢除了儒教的教化功能之外，也在迷信的思想下形成了可以避邪趨魅的儒教，學者蒲慕州認為大量的明器隨葬即反映了當時對於生死觀念及死後世界的想像。〔註 40〕為了追求成仙不老，漢代的墓葬多出土博山爐，上有仙山圖像用以隱喻人死後的理想是追求成仙。學者李立以漢畫像大量出現的飛升成仙，及仙禽瑞獸環繞的景象，表現著人們追求永生及生命再生的願望。〔註 41〕至東漢道教興起之後，將青龍、白虎、朱雀以及玄武作為護衛，北朝墓葬表現墓主死後追求成仙，所出現的神仙及孝悌兩大主題，學者李梅田認為是漢文化的再現，也顯現北魏政權對於漢文化傳統的繼承。〔註 42〕

　　壁畫墓的主題，從晉北地區於北魏平城初期的簡約，到了晉中南地區的東魏——北齊時期，反而更加趨於華麗鋪陳，可以說在北齊達到豐盛華麗的地步。學者鄭岩研究指出在東漢時即出現以墓主的畫像，作壁正中央的主題；或把墓主（或墓主夫婦並坐）置於墓中的顯著位置，而墓室北壁畫有墓主人端坐榻上，手持麈尾，身後有圍屏，頭頂置帳的作法是魏晉以來極具時代特

〔註38〕濮陽西水坡遺址考古隊，〈1988 年河南濮陽西水坡遺址發掘簡報〉，《考古》，1989 年 9 期（北京，1989，12），即出土以蚌塑之騎龍圖像，以及虎形圖像，頁 1057～1066。

〔註39〕李零，《中國方術正考》，北京：文物出版社，2006 年 5 月，頁 172。

〔註40〕蒲慕州，《追尋一己之福：中國古代的信仰世界》，台北：允晨文化，1995，頁 205。

〔註41〕李立，《漢墓神畫研究—神話與神話藝術精神的考察與分析》，上海：上海古籍出版社，2004。頁 174。

〔註42〕李梅田，〈北朝墓室畫像的區域性研究〉，《故宮博物院院刊》，2005 年 3 期，頁 86。

徵的畫面。〔註 43〕從北魏平城的破多羅太夫人、智家堡石槨墓到晉陽的北齊
婁叡墓、北齊徐顯秀墓及南郊北齊壁畫墓均可見到此種形式。周邊再以生動
的畫風描繪墓主生前出行，儀仗，成仙，宴飲，雜戲，伎樂以及各式神仙瑞
獸祥瑞的圖形，用以誇耀墓主的權威和財富，而天象圖和樓閣亭台，又象徵
墓主死後世界的形貌，學者羅森指出這是把整個墓室，投射形成一個具體而
微的宇宙空間，〔註 44〕與漢代以來，道家的成仙思想的大小周天之修鍊身體，
以求成仙飛天的想像，在佛教傳入之後，生死觀有了改變，這也象徵人們接
受了佛教的生死觀，即輪迴和前往西方極樂世界的希求。

　　晉北的鮮卑墓葬雖未有鎮墓獸之陶俑實物出土，但在沙嶺出土之破多羅
氏墓壁畫，於墓甬道所繪的人面獸身壁畫如圖 4-2-1，以及出現漢民族的伏羲
女媧的形象如圖 4-2-2，〔註 45〕可見其接受漢文化的影響，已在圖像中具體呈
現。

圖 4-2-1　　破多羅太夫人墓甬道左右兩側所繪的人面獸身畫與
　　　　　　鎮墓武士圖

資料來源：大同市考古研究所，〈山西大同沙嶺北魏壁畫墓發掘簡報〉，
　　　　　　《文物》，2006 年 10 期（北京，2006.10），頁 22。

〔註43〕 鄭岩，《魏晉南北朝壁畫墓研究》，頁 90～92。及王銀田，劉俊喜，〈大同智家
　　　　堡北魏墓石槨壁畫〉，《文物》，2001 年 7 期，頁 50。
〔註44〕 羅森，〈Creating Universes: Cultural Exchange as Seen in Tombs in Northern
　　　　China between the Han and Tang Periods 創造宇宙:漢唐時期中國北方墓葬中所
　　　　見的文化交流〉，收入巫鴻主編《漢唐之間文化藝術的互動與交融》，北京：
　　　　文物出版社，2001 年 9 月，頁 113～152。
〔註45〕 大同市考古研究所，〈山西大同沙嶺北魏壁畫墓發掘簡報〉，《文物》，2006 年
　　　　10 期，頁 4～24。甬道所繪的圖像，是漢族神話中的伏羲及女媧，而在侍立
　　　　於甬道的兩側，各有一名全身戴盔披甲，面目醜陋的武士，腳穿黑履，武士
　　　　東面，兩側各有一個人面龍身的形象。

圖 4-2-2　破多羅太夫人墓甬道所繪伏羲女媧圖

資料來源：大同市考古研究所，〈山西大同沙嶺北魏壁畫墓發掘簡報〉，《文物》，2006 年 10 期，頁 21。

　　拓跋鮮卑在北魏定都平城的早期，雖仍保有草原游牧的傳統葬俗，但已於自漢文化吸收及融合的階段中所產生的圖像。如與司馬龍金龍墓及宋紹祖墓同時期之內蒙古美岱村北魏墓，內蒙古文物工作隊的考古出土報告及學者郭素新研究均指出，其不僅具有鮮卑文化的特點，重要的是反映出他們已定居，從陪葬明器中之井、碓、灶等組成，可看出農業生產已成為社會經濟重心，而與中原地區無異，以及與漢族融合的趨勢。〔註 46〕在孝文帝遷都洛陽並採行漢化政策之前，拓跋鮮卑在自盛樂遷都平城時期的一百餘年間，學者宿白認為農業生產的比重在拓跋鮮卑的經濟活動中日益加，考古發掘出土所見墓葬中所使用的傳統葬俗隨葬組成，代表北魏早期到平城時期中已有相當程度的文化的融滲現象了。〔註 47〕

〔註 46〕內蒙古文物工作隊，〈內蒙古呼和浩特美岱村北魏墓〉，《考古》，1962 年 2 期，頁 86～88。以及郭素新，〈內蒙古呼和浩特北魏墓〉，《文物》，1977 年 5 期，頁 38～41,77。

〔註 47〕宿白，〈盛樂、平城一帶的拓跋鮮卑──北魏遺跡──鮮卑遺跡輯錄之二〉，《文物》，1977 年 11 期，頁 38～46。

　　北魏孝文帝遷都洛陽時期之後，整個山西地區的因國政政治中心移往洛陽，基本上在北魏洛陽時期的墓葬，除北魏貴族婦人墓及北魏墓群之四（七里村），〔註48〕為未見紀年之鮮卑墓葬外，具紀年資料者有小站花圪台北魏墓（墓主：封和突）及元淑墓，均為鮮卑族，但墓中未見鎮墓獸之出土。據封和突墓誌記載其墓為二次葬，且北魏遷洛時亦隨往，但特殊的是墓誌記載他歿於景明二年（501 年），地在洛陽，又在正始元年（504 年）遷葬平城。而元淑墓誌則記載其籍洛陽，但其是北魏昭成皇帝什翼犍曾孫常山康王元素之子。在《北史》卷十五有傳，本身是為元魏的皇族。其墓誌所記載的洛陽為籍，即是孝文帝所詔示的政策：

　　　　丙辰，詔遷洛之民，死葬河南，不得北還，于是代人南遷者悉為河

　　　　南洛陽人。〔註49〕

　　同時期另一出土之榆社縣方興石棺的兩片棺幫板，以線條刻畫墓主人生前生活出行作樂及狩獵情景及墓主乘龍升天的圖像，畫像活潑生動，用刀筆刻畫簡潔，且又有當時生活雜技之趣的圖像，依石碣所記墓主曾任太守，名方興。

　　棺邊板刻畫之虎圖像及右下有雜技如九球連環、竹竿撐疊及踩高蹺如圖4-2-3。

圖 4-2-3　山西榆社方興石棺邊板刻畫之一

資料來源：龍如鳳攝自山西博物院

〔註48〕北魏貴族婦人參見王銀田，韓生存〈大同市齊家坡北魏墓葬發掘簡報〉，《文物季刊》，1995 年 1 期，頁 14～18。七里村北魏墓群則參見大同市考古研究所，〈山西大同七里村北魏墓群發掘簡報〉，《文物》，2006 年 10 期，頁 25～49。

〔註49〕魏收，《魏書》，卷一，〈高祖紀，北京，中華書局 2006 年，頁 178。

　　另一棺幫板中央是線刻一條龍的形象，棺幫板的兩側邊飾是忍冬紋，是佛教傳入之後常用的裝飾。棺邊板爲墓主乘龍升仙及旁綴以出行、狩獵和樹下清談如圖 4-2-4。

圖 4-2-4　山西榆社方興石棺邊板刻畫之二

資料來源：龍如鳳攝自山西博物館

　　孝文帝在遷洛後推行漢化措施雷厲風行，太和 18 年（494 年）後的至其遷洛 4 年病薨間，所下詔推行的漢化措施的之一：以洛陽爲籍，在此時期於晉北地區出土之墓葬亦提供了具體的史實印證。〔註 50〕

　　在晉陽出土的十九座北齊墓葬，〔註 51〕有六座是壁畫墓，葬制也益發從南北朝初期的葬制以薄葬爲主，競相轉爲厚葬。薄葬的時代特徵主要來自戰亂而致民族的大遷徙運動，這在南北朝一波又一波的民族大遷徙，有爲避政權轉換造成被誅的南朝名門大族（如司馬楚之一族原爲司馬馗九世孫），有自北方草原南下的游牧民族躍過長城進入中原，也有來自中西亞的商旅和爲開鑿石窟的工匠技師，以及從各地遷移以充實京師從事經濟生產的人口之移民，各地民俗文化的衝擊及交流，許多地域性的喪俗，逐漸雜揉合融，呈現

〔註 50〕王仲犖，《魏晉南北朝史》，上海：上海人民出版社，2003。頁 508～509。
〔註 51〕部分墓葬如韓祖念墓等報告尚在整理中。見彭娟英，〈北齊墓葬～展現一個朝代的盛世繁華〉，《中國文化遺產》，2008 年 1 期，（北京，2008.1），頁 56。

出較爲一致性的喪俗。

　　北方游牧民族在入主中原的北魏平城時期，出土之墓葬的葬俗仍沿襲原來的風俗，而游牧民族的葬俗多爲潛葬而不起墳，即使皇族陵墓、使用的棺柩、隨葬物品組成、墓葬所表現的葬俗一般都遠比漢族來得簡單。但在進入中原地區兼以漢化日久，尤其是平城遷到洛陽之後，葬俗就逐漸與漢族看齊。如墓主的坐像原本在北魏平城或有或無，其所在位置也不一定，或是表現在出行之中，或是表現在生前日常生活的描繪之中，到了東魏——北齊時期，觀賞舞樂的墓主坐帳圖，就形成一種新的流行，如智家堡石棺墓、北齊壁畫墓以至使用墓主正面坐像的徐顯秀墓，顯示東魏——北齊時期的晉陽追求厚葬的風氣，已與其游牧民族原本的葬俗大相迥異。

　　晉陽出土之東魏——北齊時期墓葬，墓室壁畫已呈現較強的一致性，而所有壁畫墓與其佈局幾乎均以墓主爲中心，再作向墓室外的一個特定但爲想像中的虛擬空間，或可稱之爲極樂世界或仙界的方向前往，學者楊效俊指出這個標的物是以墓主人的生前生活及死後的靈魂世界，墓室形制與壁畫、隨葬品設置的象徵意義相互對應，共同構成一個整體。〔註 52〕分析墓室壁畫及繪製或雕刻在石製棺槨之畫像，其布局形式就類型大致有人間生活、極樂仙界及宇宙空間之三類的組合內容，〔註 53〕在晉中南地區出土的墓葬壁畫的內容，圖像表現形式及題材也歸類整理如表 4-2-3。

表 4-2-3　墓葬壁畫圖像類型分析表

內　容	圖像表現形式及題材	出土墓葬名稱（墓主族屬）	備　考
人間生活	以墓主人生前生活，以及少量的風俗畫。其形式有出行、家居、侍奉、宴樂、風俗等。	南郊北齊壁畫墓（貴婦人墓）、北齊徐顯秀墓（漢）、北齊婁叡墓（鮮卑）、庫狄迴洛（鮮卑）	
極樂仙界	表現於升仙和辟邪等題材。其形式有升仙、青龍、白虎、四靈，以及附屬之裝飾圖像，用作配合升仙主題，表現仙界的祥瑞圖像如蓮花、忍冬、流雲等。	南郊北齊壁畫墓（貴婦人墓）、北齊徐顯秀墓（漢）、北齊婁叡墓（鮮卑）、庫狄迴洛（鮮卑）	

〔註 52〕楊效俊，〈東魏、北齊墓葬的考古學研究〉，《考古與文物》，2000 年 5 期，頁71。
〔註 53〕楊效俊，〈東魏、北齊墓葬的考古學研究〉，頁 86。

| 宇宙空間 | 空間：如繪在墓室頂部穹窿形空間的日月星辰和銀河等之天象圖。
時間：表現爲十二生肖圖像——如婁叡墓中之十二時辰配製之鼠（子時）、牛（丑時）、虎（寅時）……豬（亥時）等等。 | 南郊北齊壁畫墓（貴婦人墓）、北齊徐顯秀墓（漢）、北齊婁叡墓（鮮卑） | |

龍如鳳製表

　　晉陽出土之東魏——北齊時墓葬壁畫，以徐顯秀墓爲例，如徐顯秀以忠義郡人（現山西水文）可能爲漢族，因爲在《魏書》官氏志中未有賜改姓爲徐姓的記載，若是以當時漢族投入北魏也是有的，司馬金龍之父司馬楚之即是一例。

　　而我們看徐顯秀墓中的圖像，如隨侍的牛車出行是西晉時期貴族的時尚；畫中人物以眞人比例繪製，出現胡人影像，如圖 4-2-5 左下的滿面髯鬚的胡人形象，以及圖 4-2-6 的尖勾鼻的胡人，可見當時中西交流的頻繁，各色人種進入晉陽或貿易交流或服勞役，圖中徐顯秀與夫人的帳中坐像，身披裘衣，又代表北方民族的貴族時尚。

圖 4-2-5　徐顯秀墓壁畫所繪的胡人形象之一

畫面有西晉時期貴族以牛車代步的習慣和胡人形像

資料來源：太原市文物考古研究所，《北齊徐顯秀墓》，（北京：
文物出版社 2005），頁 12。

圖 4-2-6　徐顯秀墓壁畫所繪的胡人形象之二

資料來源：太原市文物考古研究所，《北齊徐顯秀墓》，（北京：
　　　　　文物出版社 2005），頁 37。

　　同時徐顯秀墓中壁畫，多有使用中亞傳來的卷草紋和漢族的方相氏並列
守護墓室，如圖 4-2-7 所示。滿佈墓室的雲氣和蓮花，侍女裙的裙裾繪有聯珠
紋與寶冠女頭像，畫風與司馬金龍墓葬的漆屏風板相較，更呈現繪畫技巧的
極大風格變化，再與前列之破多羅太夫人、方興石棺幫板比較，更表現出中
亞工藝傳入後，所受影響的文化面貌。

圖 4-2-7　徐顯秀墓壁畫中的方相氏與蓮花卷草紋

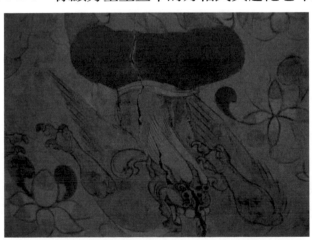

資料來源：太原市文物考古研究所，《北齊徐顯秀墓》，（北京：
　　　　　文物出版社 2005），頁 52。

第三節　實用器與明器

糧食的生產是人類基本的生存條件，游牧民族在進入中原之後，接受因地理氣候不同所帶來不同的食物出產，學者王利華指出在長城以內，年降雨量達 400 毫米以上，農耕方式所產出糧食，較放牧的生產更具效益和技術先進。〔註 54〕俗諺「民以食爲天」正足形容這種共同的基本要素，或也可解釋北方游牧民族在融入漢人文化的一個重要的本能。由這個要素，通過社會學家的說法，探索因飲食而改變的實用器（容器），及其生產製作所需的模型明器，認爲其作爲墓主在死後世界使用，不如說是在反映墓主生前社會生活的一部分，並成爲墓葬隨葬組成的一部分。〔註 55〕

一、實用器──銅鍑

在有關飲食的器具，北方草原民族以游牧爲日常經濟及飲食主要來源，常以銅鍑作爲飲食烹飪器具使用。銅鍑可以加熱食物，又便於馬上遷移的攜帶，北朝時期在山西地區的墓葬中所見到銅鍑隨葬，出自晉北地區的電焊廠墓群與大同智家堡石槨墓，以及出土於晉中南地區晉陽的北齊庫狄業墓中，如表 4-3-1。

由銅鍑之底及外表滿佈烟炱痕跡，顯示其爲實用器，在作爲隨葬器之前，仍發揮其作爲烹煮食物的功能。而在北魏平城時期及東魏──北齊晉陽時期各有出土，可見北方草原民族的飲食及生活習慣，到了北齊仍有維持。

從庫狄業的墓誌記載，其爲陰山人，世居漠北，代爲酋長，到了其祖庫狄去臣，才去褐從戎。是北齊政權有地位和影響的中級官吏，在墓葬中出土銅鍑，且經過修補之痕跡，與器底的烟炱痕，是使用過的生活實用器，飲食習慣應維持原有的舊俗。

〔註 54〕 王利華，《中古華北飲食文化的變遷》，北京：中國社會科學出版社，2000 年 11 月。頁 122～123。

〔註 55〕 就社會學研究而言：「物本身是種符號，物質文化仍然是人類文化；物的自主性仍是非常有限的。物與物之間並沒有相互的社會關係；它們是我們的產物，而它們身爲文化的一部分，毫不含糊地就是指人類社會的文化。」參見 Tim Dent 著，龔永慧譯，《物質文化》，（台北，國立編譯館，2009 年 9 月），頁 251～252。

表 4-3-1　山西地區北朝墓葬出土銅鍑隨葬表

出土地點或墓主	族屬	出 土 之 銅 鍑 圖 像	備 註
大同南郊電焊廠北魏墓群〔註56〕（平城時期）	鮮卑		所在墓葬因施工破壞。
智家堡石槨墓〔註57〕（約484～494年）	不詳		上書有"白兵三奴"字樣。外表佈滿烟炱。
庫狄業〔註58〕（567年）	鮮卑		有經過修補痕跡，底下有烟炱。

龍如鳳製表

　　由以上銅鍑這類實用器的隨葬，且其有使用過的痕跡，可見鮮卑族在北

〔註56〕 圖片來源：山西省考古研究所，大同市博物館，〈大同南郊北魏墓群發掘簡報〉，《文物》，1992 年 8 期，（北京，1992.8），頁 9。

〔註57〕 圖片來源：王銀田，劉俊喜，〈大同智家堡北魏墓石槨壁畫〉，《文物》，2001年 7 期，頁 46。

〔註58〕 圖片來源：太原市文物考古研究所，〈太原北齊庫狄業墓〉，《文物》，2003 年3 期，頁 32。

齊時期原來的飲食習慣仍有部分保留，最後這些實用器再隨著主人下葬。

二、陶明器──仿生活明器

　　北魏平城時期的鮮卑墓葬多數出土陶製物品，以陶製品作爲探討墓葬的相關議題，主要在於其燒成之後化學組成質性穩定，具有易碎但不受酸鹼腐蝕之影響，形貌型制易於斷定年代之用，學者張福康指出以陶土組成成份利於分析當時製作條件等優點，〔註59〕對於研究出墓葬的葬俗具有指標作用。

　　北魏在未遷平城的盛樂（今內蒙古和林格爾），鮮卑墓葬傳統墓葬常見卷沿陶罐，平沿陶罐，盤口陶罐，戳刺紋陶罐，直口陶罐，平沿陶壺，盤口陶壺，陶盆及陶缽等陶實用明器的出土，尤其是以弦紋、水波紋及戳刺紋作爲裝飾，爲由游牧轉爲定居農業的鮮卑墓葬常發現使用的隨葬物品。〔註60〕

　　晉北地區北朝墓葬隨葬之陶明器如表 4-3-2，多出土於鮮卑族之墓葬中，如卷沿陶罐，平沿陶罐，盤口陶罐，戳刺紋陶罐，直口陶罐，平沿陶壺，盤口陶壺，陶盆，陶缽，釉陶器類等。

表 4-3-2　晉北地區之北朝時期墓葬陶明器表

序號	墓葬名稱及年代	族屬	出土之陶明器種類	備　註（瓷器類）
1	破多羅太夫人，435 年	鮮卑	釉陶壺 5 件，素陶罐 5 件，素陶壺 6 件	
2	雁北師院（宋紹祖）墓，477 年	漢人	陶罐 1	
3	下深井北魏墓，平城時期（約與宋紹祖墓相當）	北方游牧貴族	陶壺 3 件，陶罐 2 件	

〔註59〕由於陶瓷製品是以坯泥高溫燒煆脫水而成，但在燒製的過程中，坯泥的分子組成已產生結構的化學變化，燒成之後即使再加水調製也不再有可塑性。參見張福康，《中國古陶瓷的科學》，（上海：上海美術出版社，2000 年），頁 4。

〔註60〕宿白，〈東北、內蒙古地區的鮮卑遺跡──鮮卑遺跡輯錄之一〉，《文物》，1977年 5 期，頁 42～54；宿白，〈盛樂、平城一帶的拓跋鮮卑──北魏遺跡──鮮卑遺跡輯錄之二〉，《文物》，1977 年 11 期，頁 38～46。另參見：大同考古研究所，〈山西大同七里村北魏墓群發掘簡報〉，《文物》，2006 年 10 期，頁 44。對北魏陶器器型及其裝飾紋樣，早期以卷沿罐及製作粗糙的戳刺紋罐在七里村發掘出土墓葬已大爲減少或基本不見，直口罐的數量則有所增加，紋飾則既有鮮卑早期文化的暗紋水波紋又有受中原及西方文化影響的忍冬紋和方格紋等。

4	石家寨北魏司馬金龍墓，484	漢人	灰陶壺，釉陶器蓋，釉陶器座	青瓷唾壺
5	智家堡北魏石槨壁畫墓，484～489	不詳	×	灰陶器及黃釉陶器若干
6	湖東北魏一號墓，484～494	不詳	×	
7	智家堡北魏棺板畫墓，484～494	不詳	×	
8	方山永固陵（文明皇后馮氏墓），490 年	鮮卑	×	盜擾嚴重
9	北魏墓群之一（電銲廠），平城時期	鮮卑	卷沿陶罐，平沿陶罐，盤口陶罐，戳刺紋陶罐，直口陶罐，平沿陶壺，盤口陶壺，陶盆，陶缽，釉陶器	墓群葬俗特徵一致，故以單一墓葬視之
10	北魏墓群之二（迎賓大道），平城時期（出土紀年碑 466 年一座）	鮮卑	陶壺，陶罐，盤口罐，陶盆	墓群葬俗特徵一致，故以單一墓葬視之
11	北魏墓群之三（金屬鎂廠），平城時期中後期	鮮卑	平沿陶罐，忍冬紋陶罐，醬釉鳥首陶壺，釉陶罐，	墓群葬俗特徵一致，故以單一墓葬視之
12	北魏貴族婦人墓（齊家坡），平城時期晚期	鮮卑	釉陶壺	
13	北魏墓群之四（七里村），平城時期至遷洛	鮮卑	泥質灰陶：平沿壺，平沿罐，盤口罐，直領罐，戳刺紋罐，單耳罐，陶盆。釉陶器：平沿壺，盤口罐，尊	墓群葬俗特徵一致，故以單一墓葬視之
14	小站花圪台北魏墓（墓主：封和突），501～504 二次葬	鮮卑	×	墓中大量陶碎片惟已無法復原
15	元淑墓，507 年	鮮卑	帶把陶壺 4 件，陶壺 1 件，陶器蓋 3 件，陶六足碗，陶缽 1 件，陶匙 3 件，	
16	方興石棺墓，518～520 年	鮮卑	×	原墓葬已失

製表：龍如鳳

　　至晉中南地區北朝墓葬的陶明器，如表 4-3-3 所示，與工藝技術的改進或有相關，如較精緻的雞首壺、細頸瓶及陶瓶已取而代之。

表 4-3-3　晉中南地區之北朝墓葬陶明器表

序號	墓葬名稱及年代	族屬	出土之陶明器種類	備　　註
1	秦村李詵安墓，499 年	不詳	×	僅見磚雕
2	北魏辛祥墓，518～520 年二次葬	漢人	雞首壺，茶具	
3	北齊賀拔昌墓，553 年	鮮卑	細頸瓶，陶瓶，陶罐，陶盆	
4	西南郊侯莫陳阿仁伏墓，555 年	鮮卑	盤，盒，罐，雞首壺	
5	北齊柳子輝墓，556 年	不詳	陶罍，陶罐，陶洗，陶盆，小陶罐	
6	開化村北齊竇興墓，559 年	鮮卑	陶罐，陶細頸瓶，陶廣肩瓶，陶碗	
7	壙坡張肅俗墓，559 年	漢人	陶碗，陶罐	
8	神堂溝北齊賀婁悅墓，560 年	鮮卑	×	
9	北齊狄湛墓，565 年	羌族	紅陶碗（疑爲顏料調拌用）	
10	張海翼墓，565 年	漢人	陶長頸瓶，陶壺	瓷碗 5 只
11	北齊庫狄業墓，567 年	鮮卑	陶罐，陶碗，陶杯，陶盤	瓷雞首壺，瓷高領瓶，唾壺，瓷盤，瓷碟
12	北齊婁叡墓，570 年	鮮卑	陶罐，陶瓶，陶壺，陶碗	瓷二彩盂，瓶盤，瓷貼花瓶，瓷罐，蟠柄雞首壺，瓶托杯，瓶扣盒，瓷碗
13	北齊徐顯秀墓，571 年	漢人	紅陶碗（疑爲裝顏料用）	瓷雞首壺，瓷尊，瓷盤，瓷碗，瓷帶蓋罐，瓷圓扣盒，瓷罐，瓷壺
14	南郊北齊壁畫墓，北齊後期	不詳	陶長頸瓶，陶壺，陶罐，陶碗	瓷雞首壺
15	北齊庫狄迴洛墓，562 年	鮮卑	釉陶：蓮花寶相紋尊，盤，碗，杯 陶：陶甕，陶罐，陶鉢	山西壽陽地區
16	韓裔墓，567 年	鮮卑	陶盤，陶龍鳳壺，陶盒，陶碗	

龍如鳳製表

三、陶明器——模型明器

　　漢代厚葬流行使用各式縮小的泥塑屋宇樓閣，田莊池塘等模型明器，學者蒲慕州認為其反映了以備為亡者對死後世界想像的空間所用，〔註61〕這種隨葬組合也同時在內蒙古地區的東漢末期鮮卑墓中發現，學者魏堅認為其顯示當時的鮮卑經濟生產已轉換為以農業生產為主。〔註62〕

　　山西地區的北朝墓葬，在平城時期僅宋紹祖墓有這些模型明器的隨葬組成，即使是司馬金龍墓葬出土為數 388 件以上的出土物，但未見這類模型明器的組成，其原因不明。及至東魏——北齊時期，晉陽出土的北齊墓葬，則是不分鮮卑與漢族，這類模型明器成為普遍的葬俗。同時在另一個側面來看，可說是當時的均田制實施後，人們對於安土重遷的農業生產，以及對漢文化的繼承，也起了自發性的認同。晉北地區如表 4-3-4 所示：

表 4-3-4　晉北地區北朝墓葬模型明器表

序號	墓葬名稱及年代	族屬	出土之模型明器種類	備　註
1	破多羅太夫人，435 年	鮮卑	×	
2	雁北師院宋紹祖墓，477 年	漢人	陶碓、陶井、陶灶、陶磨	
3	下深井北魏墓，平城時期（約與宋紹祖墓相當）	北方游牧貴族	×	
4	石家寨北魏司馬金龍墓，484 年	漢人	×	
5	智家堡北魏石槨壁畫墓，484～489 年	不詳	×	
6	湖東北魏一號墓，484～494 年	不詳	×	
7	智家堡北魏棺板畫墓，484～494 年	不詳	×	
8	方山永固陵（文明皇后馮氏墓），490 年	鮮卑	×	
9	北魏墓群之一（電銲廠），平城時期	鮮卑	×	

〔註61〕蒲慕州，《追尋一己之福：中國古代的信仰世界》，台北：允晨文化，1995，頁 206。
〔註62〕魏堅主編，《內蒙古地區鮮卑墓葬的發現與研究》（北京：科學出版社，2004），頁 259～260。

10	北魏墓群之二（迎賓大道），平城時期（出土紀年碑466年一座）	鮮卑	×	
11	北魏墓群之三（金屬鎂廠），平城時期中後期	鮮卑	×	
12	北魏貴族婦人墓（齊家坡），平城時期晚期	鮮卑	×	
13	北魏墓群之四（七里村），平城時期至遷洛陽	鮮卑	×	出土石磨盤1
14	北魏封和突墓，501～504年二次葬	鮮卑	×	
15	元淑墓，507年	鮮卑	×	
16	方興石棺墓，518～520年	鮮卑	×	原墓已失

龍如鳳製表

晉中南地區如表4-3-5所示，與晉北地區的表4-3-4比較可見，出自農業經濟的模型明器如碓、井、灶及磨等，在晉中南地區北朝墓葬隨葬組成之普遍性，亦即象徵北方民族的游牧經濟轉而成為以農業經濟為主，在糧食的需求上已在葬俗表現融合的面貌。

表4-3-5 晉中南地區北朝墓葬模型明器表

序號	墓葬名稱及年代	族屬	出土之模型明器種類	備 註
1	秦村李詵安墓，499年	不詳	磚灶	
2	北魏辛祥墓，518～520二次葬	漢人	×	
3	北齊賀拔昌墓，553年	鮮卑	陶井、陶磨、陶碓、陶廁	
4	西南郊北齊侯莫陳阿仁伏墓，555年	鮮卑	陶井、陶灶、陶碓、陶廁	
5	北齊柳子輝墓，556年	不詳	陶井	
6	開化村北齊竇興墓，559年	鮮卑	×	
7	壙坡張肅俗墓，559年	漢人	陶井、陶灶、陶廁、陶碓	
8	神堂溝北齊賀婁悅墓，560年	鮮卑	×	
9	北齊狄湛墓，565年	羌族	陶倉	
10	張海翼墓，565年	漢人	×	
11	北齊庫狄業墓，567年	鮮卑	×	

12	北齊婁叡墓，570 年	鮮卑	陶井、陶灶、陶碓、陶廁、 陶磨、陶倉	
13	北齊徐顯秀墓，571 年	漢人	×	
14	南郊北齊壁畫墓，北齊後期	不詳	×	
15	北齊庫狄迴洛墓，562 年	鮮卑	陶灶	壽陽地區
16	韓裔墓，567 年	鮮卑	×	祁縣地區

龍如鳳製表

由上列分時期表列之墓葬出土模型明器分佈情況，使用陶井、陶灶、陶碓、陶廁、陶磨、陶倉等這些模型明器在北魏平城時期出土的鮮卑墓葬群，幾乎是未見實物，但到了東魏——北齊時期的晉陽地區，則是不分漢族或鮮卑族的墓葬均有發現，使用模型明器作為隨葬組成的墓葬佔了出土的半數，[註63] 且比例上反倒是鮮卑族較漢族為多，可見墓葬習俗的滲融，下一節討論墓誌使用的盛行，為何是墓主族屬考證之主要依據。

第四節　墓　誌

墓誌是指存在於墓葬之中，其存在主要的特徵依趙超先生的見解有：埋設於墓葬中，專為標記墓主的作用；有特定的外在固定形式和記載的銘文。[註64] 墓誌最早使用於墓葬，起源有不同的說法，有說是秦代的刑徒墓，也有說為東漢時期流行的買地券或告地券，但真正形成固定的形式的，學者趙超認是從南北朝時期才成為定制的。[註65] 而北朝的墓誌多出自墓葬之中，也有部分是因墓葬被破壞或盜掘等原因，並非在原墓葬地出土。

一、形　制

晉北地區在北魏平城時期出土墓誌的墓葬為：平城地區有漢族的司馬金龍夫妻合葬墓、漢族宋紹祖夫妻合葬墓。另外於七里村出土的北魏墓群中編號 M35 墓葬出土楊眾慶墓銘磚，出土 4 件，其中 1 件完整的，餘 3 件則所刻之字相似但未完成且破裂，可能是非所要擇用而打碎混入墓土之中。以上 3

[註63] 此處將祁縣之韓裔及壽陽庫狄迴洛併計，因地理位置均在山西中部。
[註64] 趙超，《中國古代墓誌通論》，（北京：紫禁城出版社，2003），頁 33。
[註65] 趙超，《中國古代墓誌通論》，頁 32。

座墓葬之墓誌其形制如表 4-4-1 所列。〔註66〕

表 4-4-1　晉北地區北魏平城時期墓葬出土墓誌一覽表

墓　主	族屬	墓誌形制（尺寸=cm）	材　質	備註（圖像或拓影）
司馬金龍	漢	共三件，司馬金龍墓表出於墓門券頂上部，呈碑形。	石質	
宋紹祖	漢	一件，墓銘磚，一面陰刻 3 行 25 字，	墓銘磚	
楊眾慶	氐	四件，墓銘磚，形狀與普通墓磚相同，一端模印忍冬花紋，長 31～33，寬 15，厚 5，界格為縱長方形，陰刻銘文 4 行，行 17～18 字，共計 71 字。另 3 件為同墓之未完成墓銘磚。	墓銘磚	

註：各墓誌圖像或拓影資料來自各墓葬之出土報告或專書。

龍如鳳製表

　　北魏洛陽時期出土墓誌的墓葬為：晉北地區有鮮卑族的封和突墓葬、鮮卑族元淑墓葬及其附近發現的高琨墓誌、方興石棺。

〔註66〕 出土之墓誌及墓表等實物尺寸依出土報告使用之厘米為長度度量單位，1 厘米等於 1 公分。

表 4-4-2　晉北地區北魏洛陽時期墓葬出土墓誌一覽表

墓　主	族屬	墓誌形制（尺寸=cm）	材　質	備註（圖像或拓影）
封和突	鮮卑	墓誌高 42，寬 33，厚 8.3，底座長 42，寬 25.5，高 15，銘文爲魏碑體，分 12 行，行 12 字，計 141 字，字與字間陰刻細線格。	石灰岩質，黑青色	
元淑	鮮卑	形同石碑，由碑身和碑座組成，通高 92，碑身上圓下，方下端插入碑座，高 79、寬 43，厚 8，碑座上面四邊殺，長 53，寬 27，高 13，碑額減地刻篆書，誌文 20 行，行 27 字，共 511 字，書體魏碑中含有篆意。	石質	
高琨	鮮卑	誌蓋方形，盝頂，邊長 53.5，厚 17，墓誌石方形，邊長 64，厚 12，誌文楷書 12 行，126 字。	石質	在元淑墓附近發現，原墓已失。
方興	不詳	石碣一，高 90，寬 66，厚 8，上寬下窄呈半圓形，正面中刻有墓主坐像周圍爲伎樂及朱雀等。	石質	

註：各墓誌圖像或拓影資料來自各墓葬之出土報告或專書。

龍如鳳製表

　　晉中南地出土北魏洛陽時期墓誌者，有族屬不詳的李詵安與漢族的辛祥墓葬。其形制如表 4-4-3 所列。

表 4-4-3　晉中南地區北魏洛陽時期墓葬出土墓誌一覽表

墓　主	族屬	墓誌形制（尺寸=cm）	材　質	備註（圖像或拓影）
李訧安	不詳	未記載尺寸，僅記載銘文爲 35 字。	磚	
辛祥	漢	蓋作盝頂式，素面，四角各安鐵環一個，誌文刻在方格線內。志石高 72，寬 75，誌文共 34 行，每行 6 ～33 字，共 961 字，書體近楷書；李氏墓誌一塊，高 59.5，寬 54，誌文共 61 行，行 16～18 字共 280 字，書體爲魏體。	青石質	
註：各墓誌圖像或拓影資料來自各墓葬之出土報告或專書。				

龍如鳳製表

　　晉中南地區在東魏──北齊時期出土墓誌的墓葬爲：晉陽出土的北齊賀拔昌墓（鮮卑族）、北齊洞室墓（侯莫陳阿仁伏）（族屬不詳）、北齊柳子輝墓（族屬不詳）、開化村北齊洞室墓（竇公）（鮮卑族）、壙坡張肅俗墓（漢族）、北齊賀婁悅墓（鮮卑族）、北齊狄湛墓（羌族）、北齊張海翼墓（漢族）、北齊庫狄業墓（鮮卑族）、北齊婁叡墓（鮮卑族）、北齊徐顯秀墓（漢族）；壽陽地區出土之北齊庫狄迴洛墓（鮮卑族）；祁縣出土的北齊韓裔墓（族屬不詳）。各該墓之形制如表 4-4-4 所列。

表 4-4-4　晉中南地區東魏──北齊時期出土墓誌之墓葬一覽表

墓　主	族屬	墓誌形式（尺寸=cm）	材　質	備註（圖像或拓影）
賀拔昌	鮮卑	墓誌一合，58 見方，志面周邊有寬 1.5 深 0.5 的的凸紋，誌文 22 行，行 22 字，計 473 字。	砂石質	

侯莫陳阿仁伏	不詳	高 76 寬 39，厚 15，碑體下半截仍是毛坯石，碑首半圓形，碑面中央雕出一浮雕立人像，人像正面站立，頭頂束雙髻，身穿右衽長襦，雙手于於身前，下著褲，蹬圓頭鞋。	沈積砂岩	
柳子輝	不詳	高 121.5，寬 52.5，厚 13.5，額高 21.5，誌額左右各有螭獸一對。	未記載	
竇興	鮮卑	近方形，邊長 50～53，厚 18 帶誌蓋，四剎坡盝頂，頂上陰刻篆書，21 行魏碑書體。	青石質	
張肅俗	漢	墓銘蓋一，墓銘長寬 45.6 見方，誌文 14 行，行 14 字，計 186 字。	未記載	
賀婁悅	鮮卑	48 見方，厚 4，誌文 19 行，行 19 至 29 字，計 379 字，楷書。	細砂石質	
狄湛	羌	墓誌一合，65 見方，誌蓋盝頂素面，陽刻篆書，墓誌方格界面，魏碑書體，29 行，行 28 字，計 790 字。	細砂石質	

張海翼	漢	誌蓋方形，盝頂，底邊長 63，寬 59，厚 8.5，中央雕刻出 12 個方格，陽刻 12 字。志石方形，高 63，寬 60，厚 8.4，誌文 23 行各 23 字計 529 字。	細砂石質	
庫狄業	鮮卑	墓誌一合，長 55，寬 56.5，厚 21，誌蓋盝頂，陽刻篆書，墓誌為方格界面，魏碑書體，21 行，行 21 字。	砂石質	
婁叡	鮮卑	長寬各 81.5 見方，誌蓋盝頂，四角有四鐵環，誌文共 30 行，行 30 字，中有缺字，實有字 866。	石質	
徐顯秀	漢	一合，墓誌底座帶四角，長 71，寬 72，厚 21.3，誌文隸書，30 行，行 30 字，共 873 字，誌蓋盝頂書體篆書。	石質	
庫狄迴洛	鮮卑	出土三方六合，方形，一大二小，書體為眞書。尺寸未記載，已碎裂。	青石	
韓裔	不詳	墓誌蓋和墓誌各一方，誌蓋成梯形立方體，上部小底部大，長 62 寬 61，四面成圓弧形，厚 12，刻字於方格線內。墓誌方形，長寬各 82 見方，厚 12，誌文共 28 行，行 34 字，書體屬分書，有較多的隸書筆意。	青石	

註：各墓誌圖像或拓影資料來自各墓葬之出土報告或專書。

　　平城地區在北魏平城時期發掘多達近三百座墓葬，僅見可能族屬爲漢族之宋紹祖（477年）及漢族的司馬金龍（484年）有出土墓誌，另外則是屬於平城晚期至遷洛陽時期的七里坡墓葬群之中，所發現族屬爲氐族的楊眾慶（484年）墓銘磚。〔註67〕這一時期墓葬中的墓誌使用並不普遍，可能在地表上另外存有墓碑或華表，惟因經歷歲月淘洗，及天然或人爲的破壞，其形體早已不存。對於墓主人生前的功績及官祿之呈現，從墓葬隨葬之俑群及墓室的建構形制規模，仍可窺見一斑。

　　七里村墓葬群除少數墓葬遭受破壞，已發掘之墓葬34座，分布密集，排列有序，墓葬結構及葬具形制複雜多樣，〔註68〕尤其在M35墓葬出土之楊眾慶墓銘磚，記載其爲

> 大代太和八年歲在甲子十一年庚午朔仇池」投化客楊眾慶代建興將
> 軍靈開子建興太守」春秋六十七卒追贈冠軍將軍秦州刺史清」水靖
> 使葬于平城南十里略陽清水楊君之銘〔註69〕

　　據學者姚薇元考據北朝胡姓，以及學者王仲犖均指出：仇池楊氏，氐族人也。〔註70〕投化爲投奔歸化之意，北魏政權對於外族也多運用其族之酋長作爲統治管理，據學者康樂研究指出，此種以「客」所顯示的身份，是在拓跋鮮卑以少數民族擴張其統治的領域，也確有極大的作用。〔註71〕學者張志忠認爲當時也有假投奔歸化之名，實爲打探情報，刺探虛實，或爲內部策反等諸如間諜之任務。〔註72〕此一墓銘磚上記載的「投化客」，呈現的是鮮卑在統一中國北方，所併合其他北方民族過程的一個歷史片斷。

〔註67〕據學者姚薇元考據北朝胡姓，以及學者王仲犖均指出：仇池楊氏，氐族人也。參閱姚薇元，《北朝胡姓考》，北京：中華書局，2007年7月，頁368～369。及王仲犖，《魏晉南北朝史》，上海：上海人民出版社，2003年，頁186。

〔註68〕大同市考古研究所，〈山西大同七里村北魏墓群發掘簡報〉，《文物》，2006年10期，頁44。

〔註69〕大同市考古研究所，〈山西大同七里村北魏墓群發掘簡報〉，《文物》，2006年10期，頁44。

〔註70〕姚薇元，《北朝胡姓考》，北京：中華書局，2007年7月，頁368～369。及王仲犖，《魏晉南北朝史》，上海：上海人民出版社，2003年，頁186。

〔註71〕康樂，《從西郊到南郊》，頁76～79。北魏的「客」是種極爲特殊的身分，既被北魏政權所尊重，但又非鮮卑本族，多爲其他少數民族的酋長或部族領導者。

〔註72〕張志忠，〈大同七里村北魏楊眾慶墓磚銘析〉，《文物》，2006年10期，（北京），頁83。、

　　北魏平城時期出土的鮮卑墓葬，目前所出土的多半仍以鮮卑族傳統的陶明器隨葬，且存在著牛羊等獸骨，對於殉牲的習俗仍有遵循。由墓誌的形制上，可見在北魏平城的葬俗仍各由其本，並未統一。司馬金龍的墓誌呈圓額型，上端書寫其名，下半端則是諡號，這點與北魏後半期流行的方型墓誌有極大的不同。學者趙超指出東漢末期在墓地樹立墓碑的風氣，在魏晉時期的簡約葬俗以及不封不樹所取代，葬俗原行之成習的墓碑，漸轉入墓葬之中。〔註73〕

　　北魏遷洛陽之後，在山西地區出土的墓誌，則是不分鮮卑或漢族均有，尤其柳子輝的志額左右雕有螭獸一對，以及方興石棺的棺幫板，在中央雕有龍虎圖形，以及墓主人乘龍升仙、雜戲、狩獵、清談的形象，揉合了當時社會生活及升仙思想的影響。北魏洛陽時期方興石棺出土之石碣形制以及構圖，與東魏──北齊時期晉陽出土之候莫陳阿仁伏的石碑類同。

　　東魏──北齊時期於山西地區出土的墓葬，多已有墓誌，形制也近於帶有誌蓋的方形墓誌，墓主則是漢族與鮮卑均有所見，墓誌的使用，學者趙超認爲自北魏以來，形成一種結合禮制而定下的四方形墓誌且有尺寸規範，墓主通常有一定的官職祿位。〔註74〕例外則爲本地區之北齊張肅俗墓，雖爲處士，因於26歲即逝未出仕，但因其出身之家世族屬緣故，仍立有墓誌，以記載其生平事蹟。

二、內　容

　　出土之墓誌依其誌文內容記載整理，可略分爲名諱，籍貫（出生地），家世（父祖輩），卒年及殯葬年（有移地殯葬或夫婦合葬時用），殯葬地、墓主諡號及其功爵，生平功蹟，以及贊美辭以表彰墓主生前功名等之用。如表4-4-5出土墓誌之誌文內容分類表。

表4-4-5　出土墓誌誌文內容分類表

墓　　主	族屬	名諱	籍貫	家世	卒年	葬地	諡號	功蹟	贊詞	備註
宋紹祖	漢	●								北魏平城時期
司馬金龍	漢	●	●		●		●			
楊眾慶	氐	●	●		●	●	●			

〔註73〕趙超，《中國古代墓誌通論》，頁49。
〔註74〕趙超，《中國古代墓誌通論》，頁98。

墓主	民族	1	2	3	4	5	6	7	8	時期
李詵安	不詳	●	●		●					北魏洛陽時期
封和突	鮮卑	●					●	●		
元淑	鮮卑	●	●	●	●		●	●	●	
高琨	鮮卑	●	●	●	●					
辛祥	漢	●	●	●	●	●		●	●	
方興	不詳	●			●		●			
賀拔昌	鮮卑	●	●	●		●	●	●	●	東魏——北齊時期
侯莫陳阿仁伏	不詳	●			●		●	●	●	
柳子輝	不詳	●	●	●	●		●	●	●	
竇興	鮮卑	●	●	●	●		●	●	●	
張肅俗	漢	●	●	●	●	●				
賀婁悅	鮮卑	●	●		●		●	●	●	
狄湛	羌	●	●	●	●					
張海翼	漢	●	●	●	●		●	●	●	
庫狄業	鮮卑	●	●	●	●		●	●	●	
婁叡	鮮卑	●	●	●	●		●	●	●	
徐顯秀	漢	●	●	●	●		●	●	●	
庫狄迴洛	鮮卑	●	●	●	●		●	●	●	
韓裔	不詳	●	●	●	●		●	●	●	

龍如鳳製表

　　山西北朝墓葬有出土墓誌部分，經統計為 22 件，再區分其墓葬時代，為北魏平城時期、北魏洛陽時期及東魏——北齊時期等 3 個時期。就使用墓誌及其內容來看民族文化的融合：

（一）北魏平城時期的墓誌使用與內容

　　北魏平城時期，晉北地區有墓誌出土 3 個，相對於出土的墓葬總數近 300 個的比例而言，是相當低的，僅佔 1%；且出土墓誌的墓葬均為漢族或本非鮮卑族的楊眾慶（為氐族）。此一時期使用墓誌的情況以漢族為主，以墓誌的形制而言，並未統一，多以圓額碑形出現，且誌文交待墓主的生平較為簡略，主要是以名諱為主，墓誌的作用在於說明墓主姓名。鮮卑族的墓葬在此一時期，於平城地區多以墓群形式存在，且多是中小型墓葬，基本上未見墓誌的使用。

（二）北魏洛陽時期的墓誌使用與內容

北魏自孝文帝遷都洛陽始，政治中心就遠離平城，在孝文帝大刀闊斧的漢化政策下，鮮卑原本的習俗也漸漸的向漢族看齊。北魏洛陽時期墓葬，在墓誌的出土數量有 6 座，除曲沃李詵安因資料過少，未能確認其族屬外，另外辛祥由學者代尊德就墓誌及魏書證其為北方士族，故為漢族；〔註 75〕次就另外 4 座墓葬為封和突、元淑、高琨等均為鮮卑族，方興之石碣雖未明其族屬，由其棺幫板之形制應為鮮卑族。由元淑之墓誌上記載其為洛陽籍，可看到洛陽時期的漢化政策之落實，即使遠葬在平城的鮮卑貴族的墓誌，亦刻上以洛陽為籍，且墓誌交代的墓主生平事蹟所用字數亦有漸形增多的現象。

（三）東齊——北齊時期的墓誌使用與內容

此一時期發現的晉中南地區墓葬，除南郊壁畫墓外，全部有墓誌的出現，形制流行誌蓋與誌文合為一體的現象。鮮卑貴族的婁叡、庫狄業、賀拔昌、竇興等人，不僅墓誌形制與漢族的徐顯秀、張肅俗及張海翼等一致，連誌文內容的交待，也詳為對墓主生前功蹟大作文章。

也因此，在史籍的對照之下，這些曾經活躍在東魏——北齊的政治舞台的鮮卑族，就不再與北魏平城的鮮卑族一般，以北方游牧民族葬俗的方式，姓名不彰顯，並以慣用的陶明器如陶罐、陶壺、陶盆、陶缽、釉陶器等隨葬，在葬俗和隨葬組成也與漢族趨於一致。

三、反映的史實

通過墓誌的誌文對墓主的生平或是卒年的紀年資料，再進一部比對墓葬出土物，與史書的記載，印證史書所言或舛誤的地方。在本論文表列的墓誌中，多有出生地與葬地並非同地的情形，印證時代的浪潮衝擊著民族的生存及發展，而隨著時代的巨輪運轉，再漸趨同步融合一體。

北魏洛陽時期，山西地區的鮮卑族已使用墓誌，尤其是史籍有記載的鮮卑貴族元淑之墓誌，上記載其為洛陽籍，可看到洛陽時期的漢化政策之落實，即使遠葬在平城的鮮卑貴族的墓誌，亦刻上以洛陽為籍，對魏孝文帝的漢化措施是一實物的文字證據。

〔註 75〕代尊德，〈太原北魏辛祥墓〉，《中國考古集成 華北卷 北京市、天津市、河北省、山西省 魏晉至隋唐（二）》（瀋陽：哈爾濱出版社，1994），頁 930～934，原載於考古學集刊 1981 年 1 輯。

　　東魏——北齊時期，如賀拔昌、庫狄迴洛等墓之墓誌，誌文內記載墓主卒於鄴城，葬於晉陽的事實，對晉陽當時霸府政府及陪都的重要性亦起一佐證之例。從墓誌的墓主名諱及籍貫考證，太原市文物考古研究所指出狄湛爲盛唐名相狄仁杰的四世祖，並推知其爲羌人，學者羅新及葉煒研究並於其著作之《新出魏晉南北朝墓誌疏證》中詳證。〔註76〕北朝從亂世走向輝煌盛唐，是民族多元組成的包容力及融合，所形成新的推動力量。

第五節　小　結

　　通過墓葬出土物的呈現，印證學者馬長壽所指出鮮卑族的漢化實質上，是從低級的生產力上升到向高級的生產力與生產關係水平的經濟生活，從經濟生活的共同一致而達到民族融合，也是一種向較高階文化學習及融滲的過程，〔註77〕這其間尚包含了在拓跋鮮卑統一北方中國的過程之中，所吸納的各民族文化，進而將各民族的文化轉化爲自身的文化。這中間，容或有以尊鮮卑的意識再起，但民族文化融合的進展在經歷了平城近一世紀的磨合，及至遷洛陽後的漢化政策加速融合的作用，鮮卑文化本身已然成爲與當初遷都平城時期，呈現截然不同的新鮮卑文化，即使在東魏——北齊時期以「習鮮卑語，著鮮卑服」爲尚，以鮮卑爲尊之形勢下，仍在鮮卑族使用漢語及文字記載其民族崛起於大鮮卑山的史實，進而將其民族的來源上溯至中華民族共同的始祖——黃帝，把民族的自我認同與中華民族揉爲一體，如《魏書》開章明義即記載其族屬的根源：

> 昔黃帝有子二十五人，或內列諸華，或外分荒服，昌意少子，受封
> 北土，國有大鮮卑山，因以爲號。……積六十七世，至成皇帝諱毛
> 立。〔註78〕

　　史家作史書以論定前朝，拓跋鮮卑至北魏推行漢化，開始以文字記載其族源及發展，可謂在外在的出土物及內在文化意識的認同上，鮮卑已是中華民族之一份子。

〔註76〕太原市文物考古研究所，〈太原北齊狄湛墓〉，《文物》，2003 年 3 期（北京），
　　　　頁 42；羅新，葉煒，《新出魏晉南北朝墓誌疏證》，北京：中華書局，2005 年
　　　　3 月，頁 173～174。
〔註77〕馬長壽，《烏桓與鮮卑》，桂林：廣西師範大學出版社，2006 年 6 月，頁 4。
〔註78〕魏收，《魏書》，卷一，〈序紀第一〉，頁 1。

第五章　北方民族文化的滲入與交融

　　現今發掘出土於山西地區的北朝墓葬，多集中於平城地區及晉陽地區，其餘在山西其他地區亦有零星發現，茲就以平城及洛陽此兩個區域為主軸作比較，並參照山西其他地區來看區域表現特徵，探究鮮卑的漢化或帶進更多元素融入中華民族文化。

第一節　區域特徵

一、晉北地區

　　晉北地區的平城，是北魏自盛樂遷都進入山西地區的首都，在此地期北魏經營近百年，且在北魏定都平城時期，為充實京城人口，大量移民進入平城，據史實所載北朝時期出土墓葬多以北魏時期為多，此時所見之墓葬可以看到呈現葬俗的多元。

　　漢人墓葬以司馬金龍夫妻墓及宋紹祖墓為例，俑的使用及房形槨的建造，以及司馬金龍墓帶有南朝色彩的明器組成，與帶著北方民族裝束特色的俑群，同處一墓，混雜其間，卻又具有其原始造型風格。

　　此地的鮮卑族的墓葬多為一般平民，其墓葬出土的明器組合及葬俗，呈現多元並存的特性，如陶器的紋飾與暗紋除了鮮卑原有的水紋及弦紋，又有忍冬紋及方格紋的多元色彩。

　　北魏遷都洛陽之後，孝文帝下令禁胡語，改胡姓並賜姓為漢姓，鼓勵胡

漢的通婚，學者王仲犖認爲這也促使家族血統加速融合成。〔註1〕如魏孝文帝
即曾下詔

> 丙辰，詔遷洛之民，死葬河南，不得北還，于是代人南遷者悉爲河
> 南洛陽人。〔註2〕

且在死後一律不准向北遷葬而在洛陽下葬，這即是身爲鮮卑貴族的元淑
墓誌記載其爲洛陽籍之因。

在北魏洛陽時期，除了因人口遷移因素而少見墓葬在山西出土。平城在
此時期出土之墓葬爲封和突墓與元淑墓，依墓誌記載其官爵部分名稱一爲建
威將軍一爲平城鎮將，但未明是否在洛陽歿才遷葬平城，只確知其記載其籍
河南洛陽，可能與武職鎮守平城有所關連。封和突墓出土了波斯鎏金銀盤，
學者咸認爲是古波斯薩珊時期工藝品，〔註3〕再看大同南郊（電焊器材廠）的
鮮卑墓群，由其出土物多與內蒙古呼和浩特的鮮卑墓具有相同特徵，〔註4〕同
時在這 200 餘座墓葬出土的 1190 餘件的出土物中，亦有來自中西交流的鎏金
鏨花銀碗及磨花玻璃碗，〔註5〕形成鮮卑族除了接受漢文化外，同時也吸收了
原來所征服西北地區的游牧民族文化，及當時由絲路商旅交流的西方工藝文
化。

而在北魏分裂爲東西魏乃至被北齊及北周所代時期，出土於平城的皇親
貴族墓葬亦不復見，平城已自國都的繁華轉眼變爲邊疆鎮關之地。在雲岡石
窟所鑿造的石窟從當朝皇權傾力支持的大氣度和大派頭，轉爲小型的單座
窟，體態亦呈現秀骨清相，而衣著服飾已從民族特色鮮明漸轉爲兼容胡漢之
長。由國家運用爲管理統治的宗教工具，轉而成爲當時在儒道教之外另一重
要的信仰，原本由當政者用國家的力量出資支持以宗教作爲統治百姓的工

〔註1〕 王仲犖，《魏晉南北朝史》，頁 508～509。
〔註2〕 魏收，《魏書》，卷一，〈高祖紀，北京，中華書局 2006 年，頁 178。
〔註3〕 夏鼐，〈北魏封和突墓出土薩珊銀盤考〉，《文物》，1983 年 8 期，頁 5～7。以
及馬雍，〈北魏封和突墓及其出土的波斯銀盤〉，《文物》，1983 年 8 期，頁 8
～12 及 39。
〔註4〕 山西省考古研究所，大同市博物館，〈大同南郊北魏墓群發掘簡報〉，《文物》，
1992 年 8 期，（北京），頁 1～11。以及專書：山西大學歷史文化學院、山西
省考古研究所、大同市博物館編著，《大同南郊北魏墓群》，北京：科學出版
社，2006 年 1 月。
〔註5〕 夏鼐，〈北魏封和突墓出土薩珊銀盤考〉，《文物》，1983 年 8 期，頁 5～7。以
及馬雍，〈北魏封和突墓及其出土的波斯銀盤〉，《文物》，1983 年 8 期，頁 8
～12 及 39。

具，大量運用遷移自各地的工匠開鑿的石窟，所帶有國家統治者的偶像崇拜色彩，此時亦轉爲一般平民百姓的供養人造像及題名，顯現出當時佛教思想的深入社會各階層。

二、晉中南地區

　　晉中南地區以晉陽出土的北朝墓葬爲數較多，且主要集中北齊時期。晉陽爲東魏——北齊時期的高歡政權霸府所在，晉陽本是高氏的創業基地，在其立國之前即在此坐鎮了十八年，且在大丞相府時期時常往返於鄴城及晉陽之間，晉陽爲當時的軍事統帥之地，與鄴城形成雙聯政權核心，北齊國祚僅有 28 年，但若把高歡實際掌握東魏大權期間計入，其重要性當不僅是只在北齊立國期間。

　　晉陽目前出土之北齊墓葬十九座，除了北齊皇室成員之外，自王級以下均有出土，一品之王級墓葬如東安王婁叡（鮮卑族）及武安王徐顯秀（漢族），其餘中小型墓葬均各具特色。晉陽地區墓葬隨葬組成多有墓誌，使用陶俑群，造型以豐壯雄偉爲宗，多呈長斜道墓道之墓室，以及壁畫墓之佈局及特徵遵循鄴城規制之墓室形制。〔註6〕

　　壽陽之北朝墓葬（北齊庫狄迴洛墓）因地緣接近晉陽，墓葬之隨葬組成及葬俗與晉陽接近；位於晉陽南方之祁縣韓裔墓，其隨葬組成接近於晉陽地區，陶俑大部分是北方地區少數民族的臉型、服裝和穿戴，是北方少數民族的形象。墓中女俑、力士俑、武士俑又明顯表現漢人的特色。〔註7〕墓中出土之釉陶瓷盤及青綠色瓷釉龍鳳壺，製作工藝已接近南方之青瓷。

　　榆次縣位在晉陽至洛陽間，惜僅有石棺幫板，未能探查墓葬之隨葬組成及葬俗，但從石棺幫板圖像與洛陽地區出土之石棺作爲比較，〔註8〕雖圖像較爲簡潔，但使用龍虎及升仙圖像，以及雜樂、出行與狩獵等等，具有漢代以來的成仙思想，也融入北方游牧民族的狩獵，以及可能來自西域的雜樂，而人物造型則著袴褲，騎馬等是北方民族的打扮。〔註9〕另外從石棺幫板呈現鮮

〔註6〕　鄭岩，《魏晉南北朝壁畫墓研究》（北京：文物出版社，2002），頁 200。

〔註7〕　陶正剛，〈山西祁縣白圭北齊韓裔墓〉，《文物》，1975 年 4 期（北京，1992），頁 69。

〔註8〕　洛陽博物館，〈洛陽北魏畫像石棺〉，《考古》，1980 年 3 期，頁 229～242。

〔註9〕　呂一飛，《胡族習俗與隋唐風韻》，北京市：書目文獻出版社，1994 年 10 月，頁 16。

卑族墓棺的特徵：頭大尾小、前高後低，且石棺的刻畫圖像製作，在當時的工具以人力雕刻必然是曠日費時，由此推論其應非即時可取的物品，至少是已經一段時間的製備，完成後專供使用者，可見當時的習俗已有相當程度的文化融合。

學者黃曉芬認為漢墓由槨墓到室墓的演進過程，與當時人對於生死觀思想變遷有關，〔註 10〕而室墓的空間，相對提供了漢墓畫像磚（石）的表現舞臺。漢代厚葬之風氣在歷經東漢末年戰亂及魏文帝（曹丕）廢除陵寢，取消上陵禮儀等改革，由厚葬轉儉約。但拓跋鮮卑入主中原之後，其墓葬相較於其在東漢時期，〔註 11〕反而益見華麗，尤其到了東魏──北齊時期的貴族高官亦遵其制，明顯受到漢族觀念的影響。

第二節　文化面貌的討論

一、漢化抑胡化

鮮卑是我國東北部一支屬東胡系的少數民族。1 世紀末，匈奴在漢王朝的打擊下分裂為南北兩部，之後南匈奴降漢，北匈奴西遁，「鮮卑因此轉徙據其地，匈奴餘種留者尚有十餘萬落，皆自號鮮卑，鮮卑由此漸盛」，即大約於東漢中期，鮮卑進入了屬匈奴故地的內蒙古中部地區，至魏晉時已經成為據有北方地區的主要民族，其中的拓跋部于 258 年在其首領力微率領下遷居到盛樂（今內蒙古和林格爾），338 年什翼犍建立代政權，拓跋鮮卑在其第一個政治中心盛樂穩定下來，386 年拓跋珪建立了北魏政權，398 年定都平城（今山西省大同），428 年北魏太武帝拓跋燾即位，至西元 439 年期間，先後滅了赫連夏、馮氏北燕和沮渠北涼北方政權，結束自西晉以來長達一百多年中國北方分裂割據的局面，而將中國北方歸於統一。平城在拓跋鮮卑經營的近百年間，除了自各地移民以充京城的作法，〔註 12〕使中國的少數民族從草原進

〔註 10〕黃曉芬，《漢墓的考古學研究》，（湖南長沙：岳麓書社，2003 年），頁 203。

〔註 11〕其時拓跋鮮卑的考古遺跡，已見與漢文化因素強烈影響的遺存，參見魏堅主編，《內蒙古地區鮮卑墓葬的發現與研究》，頁 259～260。

〔註 12〕北魏拓跋移民實京的作用，據馬長壽氏分析之理由有三：一為北方民族本不諳農業生產，移民以增進農業生產之供應、二為制定和實施漢族的典章制度之需要、三為自中原網羅大批百工伎巧以建設可以比擬中原各郡的都市。參見馬氏所者《烏桓與鮮卑》，頁 40。

入中原，而為了開鑿雲岡石窟所移入的工匠百藝，更使平城成為各民族間文化展演及相互學習的舞台，在互相爭奇鬥艷的文化交流，生活及社會的族群融合始終不斷。

　　494 年北魏孝文帝遷都洛陽。以拓跋鮮卑從檀石槐時期統合各部落形成一個北方民族，除了自身不斷併合各個北方的游牧民族外，自中亞的文化交流也因而進入北中國大地，尤其遷都洛陽之後，位居中原地區，鮮卑接受漢化程度日增，但相對於洛陽之漢化而言，鎮守邊塞的鮮卑及胡化的漢族，仍保持原有的胡俗習風，未受到中原的浸染，六鎮之亂實質上也是對於皇權的漢化政策反撲，胡漢民族問題益加浮上檯面。

　　北魏經歷六鎮之亂後分裂為東西魏，加上河陰之變，造成漢化改革的政治精英份子幾已損失殆盡，而鎮邊的軍民勢力成為政治維持的靠山，在地域而言，仍保有鮮卑的舊俗，受到洛陽的漢化影響較小，因此當政權的維持傾向鎮邊的武將時，社會風俗就自然轉向到崇尚鮮卑文化。東魏在被取代並改為北齊，北齊風氣轉為鮮卑化，出身於北鎮將領的高歡，歷來史家對於高歡出身之族屬，是為漢人或實質的鮮卑族，歷史學者頗有各自不同之意見，〔註13〕但以當時高歡身處北鎮，其受鎮邊的鮮卑文化薰陶，崇尚鮮卑化自是很習慣的事。北齊以鮮卑為尊的意識抬頭，所以影響社會流風，故當時文士顏之推亦有下列的描述

　　　　齊朝有一士大夫，嘗謂吾曰：我有一兒，年已十七，頗曉書疏，教
　　　其鮮卑語及彈琵琶，稍欲通解，以此伏事公卿，無不寵愛。〔註14〕

　　北齊的墓葬中除了陶俑的衣著部分有著鮮卑化的形貌，如出土右袒肩俑，其衣著利於拉弓射箭，靈活的使用右手；〔註15〕另外在墓葬壁畫中亦可看到徐顯秀衣錦裘，上有黑白相間的獸皮毛大衣，壁墓中的出行隊伍衣著亦極具鮮卑特色，如皂帽以及交領衣著等。陶明器的種類及其裝飾變化，學者宋丙玲指出北朝陶俑的出現袒右肩陶俑，觀察到當時的民族文化融合的變

〔註13〕王仲犖，《魏晉南北朝史》之下冊，頁 584，指北齊高氏一族係鮮卑人；萬繩南整理之《陳寅恪：魏晉南北朝史演講錄》之頁 293～294 又稱高氏為漢人；呂春盛，〈高歡之族屬問題與北齊政權之基礎〉，《北齊政治史研究——北齊衰亡原因之考察》，頁 13～25 亦認為高歡應是鮮卑族。

〔註14〕北齊顏之推著，王利器集解，《顏氏家訓集解》卷第一教子第二，台北：漢京文化出版社，民國 72 年 9 月，頁 36。

〔註15〕宋丙玲，〈北朝袒右陶俑初探〉，收入《華夏考古》2007 年第 2 期，頁 123～124。

化，趨向於游牧民族善於張弓的衣著，是由於社會的風氣及佛教服飾傳入的影響。〔註16〕

鮮卑與漢族的民族融合可以說是以北魏在平城時期，山西地區爲加火升溫的前中時期，而在遷都洛陽以漢化制度學習來定型，其民族文化融合的形態基本上是胡漢互爲一體，已無法再行個別抽離或萃取。雖在晉陽與鄴城的雙政治中心，經歷反饋作用的鮮卑化勢力反撲，終不能撼動融合的文化，益加在胡漢融合的基礎創新下，爲繼之的隋唐的大開展起了茁壯的基礎和動能。

二、交流的關係與特徵

拓跋鮮卑起於中國東北地區大鮮卑山的嘎仙洞一帶，〔註17〕是東胡的一支，〔註18〕其名號鮮卑史載係由山名而來：

國有大鮮卑山，因以爲號。〔註19〕

從北方草原的游牧民族開始，聯合部族並兼併各部族形成強大的軍事部族，在東漢末年董卓之亂起，各北方部族紛紛自立爲王，拓跋鮮卑是北朝基礎的主要基礎，也是當時多元民族文化融合的推手和前驅。北魏自盛樂遷居平城以爲首都，從各地移民到京城以充實人口，其中有接納自南朝投奔歸降的中原士族及大家，或爲避當朝迫害而北上投靠北魏如司馬楚之（司馬金龍之父）等人，也有自統一北方中國所整合吞併的少數民族如出自氐族的仇池國楊眾度，以及出自山東青州一帶的人民，加上鮮卑自身民族文化水平不高，本身沒有自己的文字，傳承的民族發展歷史多自口語傳述，故入主平城之後，向文化水平較高的漢文化學習，使得鮮卑向漢化的階段逐漸滲融。

北魏自平城遷都到洛陽後，承平時期維持僅 20 年，孝文帝於 494 年遷都洛陽，惟於 499 年英年早逝，孝文帝於在位時期對洛陽的 5 年經營，與國家制度推行漢化及針對舊俗的改革，其內容涵括了改胡語爲說漢語，服飾的等

〔註16〕 如北朝陶俑的服飾出現袒右肩陶俑，由社會的風氣及佛教服飾傳入的影響來觀察當時的民族文化融合之一斑，參見宋丙玲，〈北朝袒右肩陶俑初探〉，收入《華夏考古》2007 年第 2 期。頁 123～124。

〔註17〕 嘎仙洞遺址，位於現內蒙古自治區鄂倫春自治旗阿里河鎮西北，大興安嶺內一處山洞，洞內刻有石刻祝文，其發現經過參見：米文平，《鮮卑石室尋訪記》，山東濟南：山東畫報出版社，1997 年 12 月。以及：米文平，〈鮮卑石室的發現與初步研究〉，《文物》，1981 年 2 期，（北京，），頁 1～7。

〔註18〕 《三國志》，〈魏志〉記載："烏丸、鮮卑，即古所謂東胡也。"

〔註19〕 魏收，《魏書》卷一〈序紀第一〉，頁 1。

級化，一律以河南洛陽為籍，改胡姓為賜漢族單姓，通婚姻，定禮儀以及律定官制等等。對於漢人士族的接納在朝為官，也吸引著自南方歸附的中原家族，以及來自西域各國的商旅。

在北魏洛陽時期，東西方商旅絡繹不絕於途，甚至因交易需要在洛陽群聚而居，在當時東夷所住的地方稱為扶桑館，西夷則為崦嵫館，對於西夷的商旅居住在洛陽的盛況，則形容如下：

> 西夷來附者處崦嵫館，賜宅慕義里。自蔥嶺已西，至于大秦，百國千城，莫不歡附，商胡販客，日奔塞下，所盡天地之區已。樂中國土風，因而宅者，不可勝數。是以附化之民，萬有餘家。門巷修整，閶闔填列，青槐蔭陌，綠樹垂庭，天下難得之貨，咸悉在焉。〔註20〕

中原士族大家及皇族因逃避戰禍或受到當時統治者的立場岐異而北遷，投入北魏的胡人統治，可以看到南方的青瓷及漢人的葬俗，另一波來自中亞的商旅帶來毛織品，香料，琉璃器，以及屬於薩珊王朝的銀器等等，〔註21〕表現在墓室中有關胡人商旅與胡樂等陶俑造型及壁畫或棺板圖像等。

如以定居之一家當含家眷，以及僕從家使等等，或者是商旅隊伍成員所居，在洛陽所居每家以五口計，保守估計當時居留在中國的的中亞商旅人數，極盛時期約接近 10 萬人，加上經濟因經商獲利，收入倍於一般平民，甚至還有官銜，〔註22〕其富裕的財勢對當時的社會具一定的影響力。

從平城地區的鮮卑墓葬，平城早中期仍然擁有鮮卑特有的陶容器等的隨葬組成，及使用牛羊骨殉葬的傳統；及至魏孝文帝遷都洛陽實施漢化制度，山西地區在洛陽時期雖墓葬出土數量不多，已具有漢化的實質記載如元淑的

〔註20〕 范祥雍校注，楊衒之，《洛陽伽藍記》，上海：上海古籍出版社，2006 年 8 月，頁 160～161。

〔註21〕 夏鼐，〈北魏封和突墓出土薩珊銀盤考〉，《文物》，1983 年 8 期，頁 5～7。及馬雍，〈北魏封和突墓及其出土的波斯銀盤〉，《文物》，1983 年 8 期，頁 8～12 及 39。對於封和突墓出土的銀盤探討當時中國與波斯的經濟文化交流，以《魏書》本紀所記錄統計，波斯遣使朝獻於北魏凡十次，雖近現代學者懷疑並非全為國使，而有商人假冒，但足見其時北魏之中國與亞洲西部的交通之繁。

〔註22〕 由於來自西域的商旅人數日益增多，在管理旅居內地的胡商及主持祆教祭祀的職務亦應運而生，北周時稱為薩保，北齊時稱為薩甫，隋稱薩保，唐稱薩寶。參見姚薇元，《北朝胡姓考》，北京：中華書局，2007 年 7 月。頁 411～412；陝西省考古研究所，〈西安北郊北周安伽墓發掘簡報〉，《考古與文物》，2000 年 6 期，頁 35；陝西省考古研究所，〈西安發現的北周安伽墓〉，《文物》，2001 年 1 期，頁 21～22。

以洛陽爲籍；到了東魏——北齊時期的陪都晉陽地區，由於和鄴城分爲當時
政權之重心，貴族高官多有墓葬出土，墓葬葬俗大多已呈現一致性的情況，
如大量陶俑的使用，鎮墓獸的流行，墓誌的形制等等。以墓葬出土物以區分
族屬，已不是很能確定的，如鮮卑族的婁叡墓葬出土模型明器如陶井、陶灶、
陶倉等，反而漢族的徐顯秀墓卻未見存在。

同時鎮墓獸在北魏平城僅現出於漢人墓葬。到了北齊時期的晉陽，則是
不分胡漢民族均有使用，樣式則從單純的獸首獸身及人首獸身像，演變到人
首有胡人的面貌，獸首出現外來的獅子形象，學者李零指出獅子本爲西方之
產物，〔註23〕以及帶進神獸的飛紋，是當時的中西文化交流具象的表徵。

墓葬隨葬品組成在東魏——北齊時期，除了已不再是作爲墓主族屬的單
一依據，須再通過其墓誌記載輔以史籍記載，或再參照其他與墓誌之記載資
料來探得。如狄湛之族屬問題，先由太原市文物考古研究所就考古發掘報告
發表指出，學者羅新及葉煒予以考據並與之認同：其在《新唐書》和《元和
姓纂》有零星記載，且狄湛爲盛唐名相狄仁杰的四世祖，並推知其爲羌人。

三、衝擊與包容

在唐朝之前，「胡」是指在中國北方及西北方的部族，到了唐朝才改稱爲
取道西域通道而來的西方民族。東漢末年天下動亂，來自北方的游牧民族以
其驍勇善戰的馬上雄風，政權的興迭在軍事力量的強弱間轉換，及至拓跋鮮
卑統一北方成爲封建政權之後，於平城建都，而山西地區因少數民族湧入，
加以北魏移民實京的政策，史載至少有十四次之多，〔註24〕使得這裡的民族
組成從以漢民族爲主，轉而成爲少數民族爲主。

由於拓跋鮮卑本身爲少數民族，對於其他同屬少數民族多有包容，且爲
求政治安定之考量，乃效法漢族的典章制度，並重用漢族及來自各地的外族，
在平城時期的國家君權發展，朝中任用的官員即有代人、中原士族、外族等，
且在中原士族在中央官吏的比例，在北魏政權後期倍增，〔註25〕這對於居於
少數民族的北魏政權在漢族爲眾的中原地區，政治發展形成穩定機制，中華

〔註23〕李零，〈獅子與中西文化的交流〉，《入山與出塞》，北京：文物出版社，2004
年。頁 145～147。

〔註24〕馬長壽，《烏桓與鮮卑》，頁 40～42。

〔註25〕康樂，〈拓跋君權的擴張〉，《從西郊到南郊》，頁 70。中原士族擔任官吏的佔
總體比例便 429 年的 6.3%，提昇到後期的 14%。

民族的多元民族融合的有利條件，尤其通婚姻的血統融合，使得民族之區別，不再以族屬爲標誌，而是以文化爲別。

關於民族血統的融合，顯著之例即以司馬金龍之族爲證：司馬金龍之父司馬楚之投魏後與鮮卑貴族通婚，娶王女河內公主爲妻，所生子金龍即有漢鮮血統各半，而司馬金龍前後所娶的兩位妻子，前一位爲鮮卑乞伏文照王之外孫女——欽文姬辰，歿於延興四年（474 年），後再娶匈奴族的沮渠牧犍女兒爲妻，即司馬金龍的漢族血統流傳到他的兒子們身上，反而不及其妻的鮮卑或匈奴多。這還只是在文明太后禁同姓婚及北魏孝文帝遷洛陽後鼓勵異族通婚之前的，在北方民族進入中原之後，學習漢族的典章制度，以及異族通婚，原有的鮮卑族生活融入漢族之中，而漢族也不再是漢朝時期的漢族。

第三節　小　結

北魏在文明皇后時期的改革，以經濟變革爲主——俸祿制、三長制與均田制，爲北魏的經濟生產與政治發展建立基礎，同時也爲後世所傳繼；及至孝文帝遷洛陽，改制推動漢化，改鮮卑語爲說漢語，服飾的等級化，一律以河南洛陽爲籍，改胡姓爲賜漢族單姓，通婚姻，定禮儀以及律定官制等措施，漢化的結果並未成功，最後仍因六鎮之亂而終使北魏分裂爲東魏及西魏，東魏爲北齊所取代後，在晉陽地區的墓葬隨葬組成，鮮卑化的風潮也在陶俑及墓壁畫圖像呈現。

對山西的晉北及晉中南地區墓葬出土物研究，可以看到的是：

一、晉北地區墓葬出土物雜揉多元，但各自原有的民族文化面貌脈絡清晰。

二、晉中南地區墓葬出土物則見兼容並蓄的融合，即漢族墓葬有鮮卑族元素，鮮卑族墓葬同時容有漢族元素。

三、漢化及胡化的勢力消長，在不斷搏揉過程，形成新的面貌，而非全面式的胡化或漢化。

四、歷史變遷的過程，來自民族認同的抉擇，如游牧民族的部族大人制到形成國家的統治政權間，對其本身所要保留或放棄的一些習俗。

五、外來的文化或宗教同時也是文化融合的助劑或觸媒，甚而內化爲民族文化融合的一部分。

在山西地區墓葬所看到的胡漢民族融合進程同時，北魏在「移民實京」政策之下引進百萬人口到平城，其中北魏太延五年（439 年），太武帝拓跋燾出兵河西克姑臧，所俘獲大量的粟特人及遷入京城的涼州之民，使北魏平城時期的粟特人大有增加，如司馬金龍之母即為河西公主。從宋紹祖墓葬的雜樂俑、司馬金龍墓葬的石柱礎之伎樂童子、榆次方興石棺的九子連球與竹竿撐技等，來自粟特人的樂舞普遍流傳，反映西域胡人大量進入山西地區居住的事實。

北齊時期徐顯秀墓葬，墓壁畫圖像多有濃眉大眼的西域胡人形象，侍女的服飾則出現聯珠人物頭像圖，以及婁叡墓葬亦有所使用之黃綠釉燈盞及葬俗，學者施安昌認為則是祆教因素。〔註26〕

在文化的碰撞以及經濟生產的共同社會生活下，民族文化的融合並不僅漢化一端，來自西域的樂舞及工藝，也在此時成為民族文化另一滙流，鮮卑族在此一融合的歷程中，學者呂一飛認為除了後世仍效法的均田制，俸祿制外，〔註27〕依宋人沈括所著之《夢溪筆談》所記述，提及胡服對中原的影響，其文如下：

> 中國衣冠，自北齊以來，乃全用胡服。窄袖、緋綠短衣、長靿靴、有鞢䩨帶，皆胡服也。窄袖利於馳射，短衣、長靿靴皆便於涉草。
> 〔註28〕

褲褶、袴褶衣、半袖衫都是從北方游牧民族傳入中國的服飾且沿襲到現在。而北朝在北魏孝文帝推行的漢化，再因六鎮事件而鮮卑化的意識抬頭，最後在晉陽所見到的是新的融合，這是來自鮮卑族、漢族以及來自西域的少數民族的新文化，以多元民族而統合為一體國族。而談到胡漢的問題，學者陳寅恪先生對此指出：

> 全部北朝史中凡關於胡漢之問題，實一胡化漢化之問題，而非胡種漢種之問題，當時之所謂胡人漢人，大抵以胡化漢化而不以胡種漢種為分別，即文化之關係較重而種族之關係較輕……〔註29〕

〔註26〕 施安昌，〈北齊徐顯秀、婁叡墓中的火壇和禮器〉，《火壇與祭司鳥神》，北京：紫禁城出版社，2004，頁 118～128。

〔註27〕 呂一飛，《北朝鮮卑文化之歷史作用》，安徽合肥市：黃山書社，1992 年 4 月，頁 104～105。

〔註28〕 〔宋〕沈括撰，《筆談・故事》第 9 條，《元刊夢溪筆談及新校注合刊》，台北：鼎文書局，民國 66 年 9 月，頁 7。

〔註29〕 陳寅恪，《隋唐制度淵源略論稿》，頁 148。

　　在鮮卑本身沒有自身文字的歷史之下，〔註 30〕接受較高層級的漢族及其他外族文化並學習的結果，就是整個融滲入接受到較高的文化水平之中。但從墓葬出土物與歷史記載來作一檢視，唐代皇室血統帶有胡族血統，從北朝時期開始的通婚姻，以種族血統而言，是文化融合的另一面貌，並不應強調爲完全漢化之文化。

　　學者王明珂指出：歷史的變遷來自於民族的抉擇，〔註 31〕這部分涵括資源的取得，以及自身對於民族意識的認同。從司馬金龍墓的石柱礎雕塑，以及徐顯秀墓中瓷燈、侍女裙聯珠紋及人圖像等等帶有外來風格，其裝飾風格可溯中亞一帶，〔註 32〕而當時據文獻所載佛教雖已傳進中原，仍帶有所謂"胡教"之稱謂，在墓葬中表現的應是當時相當普遍的圖像，而由工匠將其社會生活所見圖像，在當時流行墓葬葬俗需用到的圖像形制，以規制化把含有各種不同文化的特色共爲一室。鮮卑文化實質已融入中華民族之中，同時也帶進活潑的新血，這部分除了鮮卑自身的文化之外，尚有來自中亞民族的文化。從墓葬出土物表現出多元文化的交融，適足說明這點。

〔註 30〕王仲犖，《魏晉南北朝史》，頁 176。
〔註 31〕王明珂，《游牧者的抉擇：面對漢帝國的北亞游牧部族》，頁 260。
〔註 32〕渠傳福，〈徐顯秀墓與北齊晉陽〉，《文物》，2003 年 10 期，頁 52。以及張學鋒，《中國墓葬史》，揚州市：廣陵書社，2009 年 7 月，頁 232。

第六章 結 論

　　鮮卑建國北魏，起初以盛樂爲都，398 年從盛樂遷都到平城，在漢文化邊緣地區經營了近百年，到太和 18 年（494 年），北魏孝文帝始自平城遷都到洛陽，是鮮卑從活躍在北方舞台，再走進中原參與中華民族融合的重要歷史進程。

　　山西地區北朝墓葬依政治重心的轉移，分別在三個時期各自呈現民族文化交融的不同面貌，經由整理考古挖掘報告作出土物分類分析，輔以史書記載互爲印證，梳理出民族文化融合的脈絡後，總結 4 點說明如下：

一、第一期爲北魏平城時期

　　墓葬多出土於晉北地區，鮮卑族之隨葬組合，多與盛樂時期相同，文化特徵明顯，且不乏來自中亞一帶的工藝品，顯現當時中西交流的頻繁。漢族使用墓誌及俑類隨葬的特色，同時期的鮮卑墓葬則罕見文字記載，多以傳統陶明器如陶壺隨葬內容，相互比照下，表現出截然不同的文化特色。

　　民族特色鮮明，且文化的多元，也是此一時期墓葬隨葬組成的特徵。從墓葬葬俗分辨出鮮卑與漢族不同的特色，如鮮卑族使用傳統的陶明器隨葬外，也夾雜常用於匈奴葬俗之銅鍑。

　　次就中外文化的交流面觀察，墓葬出土物中如玻璃器、金銀器、刻有胡樂胡舞伎的石雕等，主要是傳自中亞的栗特、嚈噠等民族的工藝文化。玻璃製品在東漢即透過商旅進入中國，本是珍奇之物，在七里村鮮卑墓葬中，卻出土數只鮮卑傳統陶壺形制與紋飾製成之玻璃器，足見外來的工藝文化，在受到當時貴族所好之後，成爲工匠的競相模仿及學習，最後形成新的工藝特

色和文化。

北魏自盛樂遷都平城，接納漢族降人在朝爲官，部分降人受到鮮卑政權重用，來自南方的漢晉葬俗也形成當時沿用的模式，如司馬金龍已是降人第二代，身爲北魏高官，墓葬具漢族葬俗及俑類明器組成，漆板屏風之孝子故事、帝王出行等畫風，所表現的文化內涵是漢族的尊崇儒教之風。

二、第二期爲北魏洛陽時期

於晉北或晉中南地區均有墓葬出土，隨葬組成呈現各自民族文化特色的交融，使用的圖像受到生死觀念滲融及外來宗教傳入的影響。佛教的傳入早在東漢時期，但眞正成爲中國人的信仰，當屬北魏把宗教作爲國家長治久安的工具開始，先是攀附曇曜五窟的天子即佛身之神話，將人民對宗教信仰上的崇拜結合對政權的崇敬，進而形成政教合一的統治作用，把宗教教化人民的作用發揮得淋灕盡致。洛陽時期佛教發展的繁盛，是亂世之中，人民的精神寄託在宗教上，祈願解脫在世俗的苦難，由胡人引領的佛教信仰，就在這樣的世局下，透過政治力量的作用，而益加鞏固宗教與政治的結合，在互爲所用的情況下，同時建立佛教中國化的基礎。

洛陽時期在晉北地區出土的榆社方興石棺，具有鮮卑的頭大尾小形制，又使用漢人常用的龍虎圖像，棺幫板的兩側邊飾是忍冬紋，是佛教傳入之後常用的裝飾，是融合漢人成仙的生死觀及佛教宗教葬俗影響所致。

此一時期，出土墓葬數量不及平城時期及東魏——北齊時期多，如元淑、封和突等鮮卑族墓主，與漢族同樣出土墓誌，雖未見其使用漢族常用之俑類隨葬，仍可窺見漢文化的影響。

三、第三期爲東魏——北齊時期

出土墓葬多集中晉中南地區，晉陽尤多。墓葬大量俑類隨葬的內容，且多武士俑隨葬的情況，除了晉陽是軍事中心的另一表徵，故多武將之墓葬；另一意義則在於鮮卑族的武將，接受了漢文化的葬俗，是民族文化融合從文治的制度面，滲入到鎮邊武將社會面的重要意義。北魏因六鎮之亂而分裂爲東魏與西魏，六鎮之亂主要由於鎮邊的武將不滿朝廷中樞的崇漢去鮮卑化措施，造成其地位不如朝中的文官，所引起的反漢化革命。在北魏的漢化措施上，鎮邊武將本身既離朝廷所在隔空間距離州，亦是感覺漢化影響扃爲微弱

者，故武將墓葬出土物呈現胡漢融合的現象，實質上的意義是漢族的文化已滲融到鮮卑族，所形成的整體的文化面貌變動。

鮮卑族墓葬從平城時期鮮卑族的使用陶明器為主要隨葬內容、無文字記載，到了東魏——北齊時期在晉陽地區的普遍使用墓誌，以文字記載墓主身分、功蹟、贊詞，並使用漢族的俑類隨葬；從平城潛葬為主，到了晉陽營造厚葬的墓葬，以禮制規範表現其身份地位。漢族墓葬亦見胡人裝束或胡人圖像，鮮卑墓有漢族文化，漢族墓也有鮮卑文化，圖像及墓誌的普遍使用，使不同民族的葬俗呈現一致性，難以抽離析分，對於墓主的族屬所屬，墓誌文字記載成為主要的考證依據。

四、胡化與漢化及至文化融合的歷程，出自民族認同自身的選擇，同時能求同存異以謀取最佳利益的結果。

鮮卑族對於中華民族的歷史影響極為深遠。仕通過墓葬出土物的物質表相觀察，並使用時間移動的對照，驗證單一面相的史籍記載，可見山西地區北朝墓葬，從鮮卑到漢族的民族交融歷程，是形成一個新的國族，亦即從墓葬出土物所呈現的文化面貌，大趨勢是走向民族文化融合的大道。這是鮮卑族走入中華民族的抉擇，也是漢族接納並學習鮮卑長處，在民族自我認同的共識之下形成的共同生命體。

鮮卑融滲進中華民族的文化，活潑強健的性格和體能同時同時成為中華民族的生命力，隨之滲融的還有融合自北方民族各部族和中亞民族的文化，給了中原的漢族新的動能，在民族熔爐中焠煉出創新的民族文化。鮮卑與漢族的民族融合可以說是以山西地區為加火升溫的前中時期，進至遷都洛陽習以漢化制度來定型，於晉陽與鄴城的雙政治中心下，經歷反饋作用的鮮卑化勢力反撲，終不能逆轉融合的文化進程，在胡漢融合的基礎下，為繼之的隋唐的盛世厚植根基，並得以文化創新開展新局。

除整理墓葬出土報告，並勾勒出民族文化交融的進程外，仍存部分疑點如：以斜坡道單室墓空間的配置，其棺床位置以進門後之左手側或後側居多，例如司馬金龍墓與徐顯秀墓即置放棺床在墓室進門的左手側，葬俗係出於何種因素，留待後續研究者再解答。

且徐顯秀墓壁畫的儀仗出行圖自地面進入的斜坡道開始，到墓室北側的墓主夫婦宴飲圖止，畫面與主題渾成一體，未受墓室、天井、穿堂、墓門等

建築架構的影響，尤其表現出墓葬空間爲一驛站的觀念，這種圖像的表現是
否與當時流行（或墓主本身）的宗教信仰有關，亦有待後續研究者來釋疑。

參考文獻

一、古　籍

1. 《北史》，北京：中華書局，1974 年，2006 年重印。
2. 《北齊書》，北京：中華書局，1974 年，2006 年重印。
3. 《周書》，北京：中華書局，1974 年，2006 年重印。
4. 《魏書》，北京：中華書局，1974 年，2006 年重印。
5. 范祥雍校注，《洛陽伽藍記》，上海：上海古籍出版社，2006 年 8 月。
6. 王利器集解，《顏氏家訓集解》，台北：漢京文化出版社，民國 72 年 9 月。
7. 〔宋〕沈括撰，《元刊夢溪筆談及新校注合刊》，台北：鼎文書局，民國 66 年 9 月。

二、專　書

1. 大同市考古研究所，劉俊喜主編，《大同雁北師院北魏墓群》，（北京：文物出版社，2008 年）。
2. 山西省博物館編，《太原壙坡北齊張肅墓文物圖錄》，（北京：中國古典藝術出版社，1958 年）。
3. 山西省北朝文化研究中心主編，《4～6 世紀的北中國與歐亞大陸》，（北京：科學出版社，2006 年）。
4. 山西大學歷史文化學院、山西省考古研究所、大同市博物館編著，《大同南郊北魏墓群》，北京：科學出版社，2006 年 1 月。
5. 中國社會科學院考古研究所、河北省文物研究所，《磁縣灣漳北朝壁畫墓》，（北京：科學出版社 2005）。
6. 太原市文物考古研究所，《北齊徐顯秀墓》，（北京：文物出版社 2005）。
7. 太原市文物考古研究所，《北齊婁叡墓》，（北京：文物出版社 2004）。
8. 內蒙古文物考古研究所編，《內蒙古文物考古文集》，北京：中國大百科

全書出版社。1994 年。

9. 內蒙古文物考古研究所編,《內蒙古文物考古文集》第二輯,北京:中國大百科全書出版社。1997 年。

10. 王仲犖,《魏晉南北朝史》,上海:上海人民出版社,2003 年。

11. 王怡辰,《東魏北齊的統治集團》,台北市:文津出版社,2006 年 10 月。

12. 王利華,《中古華北飲食文化的變遷》,北京:中國社會科學出版社,2000 年 11 月。

13. 王明珂,《游牧者的抉擇:面對漢帝國的北亞游牧部族》,台北市:聯經出版公司,2009 年 1 月。

14. 米文平,《鮮卑石室尋訪記》,山東濟南:山東畫報出版社,1997 年 12 月。

15. 吳中杰主編,《中國古代審美文化論》(範疇卷),上海市:上海古籍出版社,2003 年。

16. 呂一飛,《北朝鮮卑文化之歷史作用》,安徽合肥市:黃山書社,1992 年 4 月。

17. 呂一飛,《胡族習俗與隋唐風韻》,北京市:書目文獻出版社,1994 年 10 月。

18. 呂思勉,《兩晉南北朝史》,上海市:上海古籍出版社,2005 年。

19. 呂春盛,〈高歡之族屬問題與北齊政權之基礎〉,《北齊政治史研究——北齊衰亡原因之考察》,台北:臺灣大學文學院,民國 76 年 6 月,頁 13～25

20. 呂春盛,《關隴集團的權力結構演變——西魏北周政治史研究》,台北市:稻鄉出版社,民國 91 年 3 月。

21. 巫鴻主編,《漢唐之間文化藝術的互動與交融》,北京:文物出版社,2001 年 9 月。

22. 巫鴻著,鄭岩等譯,《禮儀中的美術——巫鴻中國古代美術史文編》,北京:三聯書店,2005 年 7 月。

23. 李立,《漢墓神畫研究——神話與神話藝術精神的考察與分析》,上海:上海古籍出版社,2004。

24. 李如森,《漢代喪葬禮俗》,瀋陽:瀋陽出版社,2003 年。

25. 李梅田,《魏晉北朝墓葬的考古學研究》,北京:商務印書館,2009 年。

26. 李零,《入山與出塞》,北京:文物出版社,2004 年。

27. 李零,《中國方術正考》,北京:文物出版社,2006 年 5 月。

28. 李憑,《北魏平城時代》,北京:社會科學文獻出版社,2000 年。

29. 李憑,《北魏研究存稿》,北京:商務印書館,2006 年。

30. 谷川道雄著、李濟滄譯，《隋唐帝國形成史論》，（上海：上海古籍出版社2004）。

31. 林信志，《北朝隋唐鎮墓獸研究》，逢甲大學94年碩士論文，未出版。

32. 林悟殊，《波斯拜火教與古代中國》，台北：新文豐出版公司，1995。

33. 林梅村，《古道西風——考古新發現所見中西文化交流》，北京：三聯書店，2000。

34. 林梅村，《漢唐西域與中國文明》，北京：文物出版社，1998。

35. 施安昌，《火壇與祭司鳥神》，北京：紫禁城出版社，2004。

36. 洛陽市文物管理局，《洛陽陶俑》，北京：北京圖書館出版社，2005年。

37. 胡志佳，《門閥士族時代下的司馬氏家族》，台北市：文史哲出版社，民國94年8月。

38. 香港文化博物館編，《走向盛唐——文化交流與融合》，（香港：康樂及文化事務署，2005）。

39. 康樂，《從西郊到南郊》，台北：稻禾出版社，1995年。

40. 孫同勛，《拓跋氏的漢化及其他——北魏史論文集》，台北市：稻鄉出版社，民國94年3月。

41. 孫長初，《中國藝術考古學初探》，北京：文物出版社，2004。

42. 馬長壽，《烏桓與鮮卑》，桂林：廣西師範大學出版社，2006年6月。

43. 姚薇元，《北朝胡姓考》，北京：中華書局，2007年7月。

44. 殷憲主編，《北朝史研究》，北京：商務印書館，2004。

45. 張福康，《中國古陶瓷的科學》，上海：上海美術出版社，2000年。

46. 張捷夫，《中國喪葬史》，台北市：文津出版社，民國84年7月。

47. 張學鋒，《中國墓葬史》，揚州市：廣陵書社，2009年7月。

48. 張繼昊，《從拓跋到北魏——北魏王朝創建歷史的考察》，台北市：稻鄉出版社，民國92年12月。

49. 曹者祉、孫秉根主編，《中國古代俑》，上海：上海文化出版社，1996。

50. 陶賢都，《魏晉南北朝霸府與霸府政治研究》，湖南：湖南人民出版社，2007。

51. 陳寅恪，《隋唐制度淵源略論稿》，台北：臺灣商務印務館，1998。

52. 陳寅恪，《唐代政治史述論篇》，台北：臺灣商務印務館，1998。

53. 陳綬祥，《魏晉南北朝繪畫史》，北京：人民美術出版社，2000。

54. 渡邊信一郎著，徐沖譯，《中國古代的王權與天下秩序——從日中比較史的視角出發》（日本學者中國史研究叢刊）北京：中華書局，2008年10月。

55. 逯耀東，《勒馬長城》，台北市：時報文化出版事業有限公司，1979 年 3 月。

56. 逯耀東，《從平城到洛陽》，台北市：聯經出版事業公司，1985 年 8 月。

57. 楊泓，《美術考古半世紀——中國美術考古發現史》（北京：文物出版社，1997）。

58. 楊泓，《逝去的風韻——楊泓談文物》，北京：中華書局，2007 年 3 月。

59. 楊寬，《中國古代陵寢制度史研究》，上海：上海人民出版社，2003。

60. 榮新江，《中古中國與外來文明》，北京：三聯書店，2001。

61. 榮新江、張志清主編，《從撒馬爾干到長安——粟特人在中國的文化遺跡》，北京：北京圖書出版社，2004。

62. 蒲慕州，《追尋一己之福：中國古代的信仰世界》，台北：允晨文化，1995。

63. 蒲慕州，《鬼魅神魔：中國通俗文化側寫》，台北：麥田出版社，2005。

64. 蒲慕州，《墓葬與生死：中國古代宗教之省思》，台北：聯經出版社，1993。

65. 潘偉斌，《魏晉南北朝隋陵》，北京：中國青年出版社，2004。

66. 鄭州市文物考古研究所，《中國古代鎮墓神物》（北京：文物出版社，2004）。

67. 黃曉芬，《漢墓的考古學研究》，湖南長沙：岳麓書社，2003 年 7 月。

68. 鄭岩，《魏晉南北朝壁畫墓研究》（北京：文物出版社，2002）。

69. 羅新，葉煒，《新出魏晉南北朝墓誌疏證》，北京：中華書局，2005 年 3 月。

70. 羅森，〈Creating Universes: Cultural Exchange as Seen in Tombs in Northern China between the Han and Tang Periods 創造宇宙：漢唐時期中國北方墓葬中所見的文化交流〉，收入巫鴻主編《漢唐之間文化藝術的互動與交融》，北京：文物出版社，2001 年 9 月。頁 113～152。

71. 趙超，《中國古代墓誌通論》（北京：紫禁城出版社，2003）。

72. 臨朐縣博物館，《北齊崔芬壁畫墓》，北京：文物出版社，2002。

73. 魏堅主編，《內蒙古地區鮮卑墓葬的發現與研究》（北京：科學出版社，2004）。

74. 羅丰，《胡漢之間——"絲綢之路"與西北歷史考古》，北京：文物出版社，2004。

75. 羅宗眞，《魏晉南北朝考古》，（北京：文物出版社 2001）。

76. 羅宗眞、王志高，《六朝文物》，（南京：南京出版社 2004）。

77. 國立編譯館主譯，Tim Dent 著，龔永慧譯，《物質文化》，（台北，國立編譯館，2009 年 9 月）。

78. 國立編譯館主譯，Chris Shilling 著，謝明珊、杜欣欣譯，《身體三面向：

文化、科技與社會》,(台北,國立編譯館,2009 年 9 月)。

三、考古報告及期刊論文

1. 大同市考古研究所,〈山西大同下深井北魏墓發掘簡報〉,《文物》,2004
   年 6 期（北京,2004.6）,頁 29～34。

2. 大同市考古研究所,〈山西大同沙嶺北魏壁畫墓發掘簡報〉,《文物》,2006
   年 10 期（北京,2006.10）,頁 4～24。

3. 大同市考古研究所,〈山西大同迎賓大道北魏墓群〉,《文物》,2006 年 10
   期（北京,2006.10）,頁 50～71。

4. 大同市博物館,〈大同方山北魏永固陵〉,《文物》,1978 年 7 期,（北京,
   1978.7）,頁 29～35。

5. 大同市博物館,〈大同東郊北魏元淑墓〉,《文物》,1989 年 8 期,（北京,
   1989.10）,頁 57～65。

6. 大同市考古研究所,〈山西大同七里村北魏墓群發掘簡報〉,《文物》,2006
   年 10 期,（北京,2006.10）,頁 25～49。

7. 山西省大同市博物館、山西省文物工作委員會,〈山西大同石家寨北魏司
   馬金龍墓〉,《文物》,1972 年 3 期。頁 20～33。

8. 山西省考古研究所,〈太原西南郊北齊洞室墓〉,《文物》,2004 年 6 期（北
   京,2004.06）,頁 35～46。

9. 山西省考古研究所,大同市博物館,〈大同南郊北魏墓群發掘簡報〉,《文
   物》,1992 年 8 期,（北京,1992.8）,頁 1～11。

10. 山西省考古研究所,〈太原南郊北齊壁畫墓〉,《文物》,1990 年 12 期（北
    京,1990.12）,頁 1～10。

11. 山西省考古研究所、大同市考古研究所,〈大同市北魏宋紹祖墓發掘簡
    報〉,《文物》,2001 年 7 期（北京,2001.07）,頁 19～39。

12. 山西省考古研究所、太原市文物考古研究所,〈太原北齊徐顯秀墓發掘簡
    報〉,《文物》,2003 年 10 期（北京,2003.10）,頁 4～40。

13. 山西省考古研究所、太原市文物考古研究所,〈太原開化村北齊洞室墓發
    掘簡報〉,《考古與文物》,2006 年 2 期（北京,2006.2）,頁 7～12。

14. 山西省考古研究所、太原市文物管理委員會,〈太原市北齊婁叡墓發掘簡
    報〉,《文物》,1983 年 10 期（北京,1983.10）頁 1～23。

15. 中國社會科學院考古研究所、河北省文物研究所、鄴城考古工作隊,〈河
    北臨漳鄴北城遺址勘探發掘簡報〉,《考古》,1990 年 7 期（北京,1990）,
    頁 595～600。

16. 中國社會科學院考古研究所、河北省文物研究所、鄴城考古工作隊,〈河

北磁縣灣漳北朝墓〉,《考古》,1990 年 7 期（北京,1990）,頁 601～606。

17. 中國社會科學院考古研究所、河北省文物研究所、鄴城考古工作隊,〈河北臨漳鄴南城遺址勘探發掘簡報〉,《考古》,1997 年 3 期（北京,1997）,頁 27～32。

18. 中國社會科學院考古研究所河南二隊,〈河南偃師縣杏園的四座北魏墓〉,《考古》,1991 年 9 期（北京,1993）,頁 818～831。

19. 中國社會科學院考古研究所洛陽漢魏城隊、洛陽古墓博物館,〈北魏宣武帝景陵發掘報告〉,《考古》,1994 年 9 期,頁 801～814。

20. 太原市文物考古研究所,〈太原北齊狄湛墓〉,《文物》,2003 年 3 期（北京,2003.03）,頁 37～42。

21. 太原市文物考古研究所,〈太原北齊庫狄業墓〉,《文物》,2003 年 3 期（北京,2003.03）,頁 26～36。

22. 太原市文物考古研究所,〈太原北齊賀拔昌墓〉,《文物》,2003 年 3 期（北京,2003.03）,頁 11～25。

23. 內蒙古文物工作隊,〈內蒙古呼和浩特美岱村北魏墓〉,《考古》,1962 年 2 期（北京,1962.2）,頁 86～88。

24. 王太明、賈文亮,〈山西榆社縣發現北魏畫像石棺〉,《考古》,1993 年 8 期,（北京,1993.8）,頁 767。

25. 王克林,〈北齊庫狄迴洛墓〉,《考古學報》,1979 年 3 期（太原市,1979）,頁 377～402。

26. 王仲殊,〈漢代物質文化略説〉,《考古通訊》,1956 年第 1 期（北京,1956）,頁 75。

27. 王銀田,韓生存〈大同市齊家坡北魏墓葬發掘簡報〉,《文物季刊》,1995 年 1 期（大同,1995.）,頁 14～18。

28. 王銀田,劉俊喜,〈大同智家堡北魏墓石槨壁畫〉,《文物》,2001 年 7 期,（北京,2001.7）,頁 40～51。

29. 劉俊喜,高峰〈大同智家堡北魏墓棺板畫〉,《文物》,2004 年 12 期,（北京,2004.12）,頁 35～47。

30. 山西省考古研究所,〈大同湖東北魏一號墓〉,《文物》,2004 年 12 期,（北京,2004.12）,頁 26～34。

31. 田立坤,〈三燕文化墓葬的類型與分期〉,《漢唐之間文化藝術的互動與交融》,（北京：文物出版社,2001）,頁 224。

32. 石家庄地區革委會文化局文物發掘組,〈河北贊皇東魏李希宗墓〉,《考古》,1977 年 6 期（北京,1977）,頁 382～390～243）。

33. 代尊德,〈太原北魏辛祥墓〉,《中國考古集成 華北卷 北京市、天津市、河北省、山西省 魏晉五隋唐（二）》,（瀋陽,哈爾濱出版社,1994）,頁

930～934，原載於考古學集刊 1981 年 1 輯。

34. 西安市文物保護考古所，〈西安北周涼州薩保史君墓發掘簡報〉，《文物》，
    2005 年 3 期，頁 4～33。

35. 余黎星，黃吉博，余扶危，〈洛陽北魏墓研究〉，《洛陽師範學院學報》，
    2008 年第 1 期。

36. 米文平，〈鮮卑石室的發現與初步研究〉，《文物》，1981 年 2 期，（北京，
    1981.2），頁 1～7。

37. 宋丙玲，〈北朝袒右陶俑初探〉，《華夏考古》2007 年第 2 期。頁 118～127。

38. 宋馨，〈司馬金龍墓葬的重新評估〉，《北朝史研究》（北京：商務印書館，
    2004），頁 561～580。

39. 求實，〈懷仁縣發現北魏丹陽王墓〉，《中國考古集成　華北卷　北京市、
    天津市、河北省、山西省　魏晉至隋唐（一）》（瀋陽：哈爾濱出版社，
    1994），頁 941。原載於《北朝研究》1993 年 4 期。

40. 李梅田，〈中原魏晉北朝墓葬文化的階段性〉，《華夏考古》，2004 年 1 期，
    頁 50～54 轉 59。

41. 李梅田，〈北朝墓室畫像的區域性研究〉，《故宮博物院院刊》，2005 年 3
    期，頁 75～103。

42. 李梅田，〈北齊墓葬文化因素分析——以鄴城、晉陽爲中心〉，《中原文
    物》，2004 年 4 期，頁 59～65。

43. 李梅田，〈北齊墓葬文化論析〉，《中國歷史文物》，2004 年 6 期，頁 59
    ～68。

44. 李梅田，〈論南北朝交接地區的墓葬〉，《東南文化》，2004 年 1 期，頁 27
    ～31。

45. 李梅田，〈關中地區魏晉北朝墓葬文化因素分析〉，《考古與文物》，2004
    年 2 期。

46. 李朝陽，〈咸陽市郊清理一座北朝墓〉，《考古與文物》，1998 年 1 期，頁
    95。

47. 李愛國，〈太原北齊張海翼墓〉，《文物》，2003 年 10 期（北京，2003），
    頁 41～52。

48. 固原縣文物工作站，〈寧夏固原北魏墓清理簡報〉，《文物》，1984 年 6 期，
    頁 46～56。

49. 河北省文管處，〈河北景縣北魏高氏墓發掘簡報〉，《文物》，1979 年 3 期
    （北京，1979），頁 17～31。

50. 河北省滄州地區文化館，〈河北省吳橋四座北朝墓葬〉，《文物》，1984 年
    9 期（北京，1984），頁 25～32。

51. 河南省文化局文物工作隊,〈洛陽北魏長陵遺址調查〉,《考古》,1966 年 3 期,頁 155～158。

52. 河南省博物館,〈河南安陽北齊范粹墓發掘簡報〉,《文物》,1972 年 1 期,頁 47～57。

53. 咸陽市文物考古研究所,〈咸陽師專西晉北朝墓清理簡報〉,《文博》,1998 年 6 期,頁 3～21。

54. 施安昌,〈北齊徐顯秀、妻叡墓中的火壇和禮器〉,《火壇與祭司鳥神》(北京:紫禁城出版社,2004),頁 118～128。

55. 洛陽市文物工作隊,〈洛陽孟津北陳村北魏壁畫墓〉,《文物》,1995 年 8 期,頁 26～35。

56. 洛陽市文物工作隊,〈洛陽孟津晉墓、北魏墓發掘簡報〉,《文物》,1991 年 8 期,頁 48～61。

57. 洛陽市第二文物工作隊,〈北魏董富妻郭氏墓〉,《中原文物》,1996 年 2 期,頁 100～101。

58. 洛陽市第二文物工作隊,〈偃師前杜樓北魏石棺墓發掘簡報〉,《文物》,2006 年 12 期(北京,2006.12),頁 37～51。

59. 洛陽市第二文物工作隊,〈洛陽紗廠西路北魏 HM555 發掘簡報〉,《文物》,2002 年 9 期(北京,頁。

60. 洛陽博物館,〈洛陽北魏元邵墓〉,《考古》,1973 年 4 期,頁 216～224,243。

61. 洛陽博物館,〈河南洛陽北魏元乂墓調查〉,《考古》,1974 年 12 期,頁 53～55。

62. 洛陽博物館,〈洛陽北魏畫像石棺〉,《考古》,1980 年 3 期,頁 229～242。

63. 夏鼐,〈北魏封和突墓出土薩珊銀盤考〉,《文物》,1983 年 8 期,頁 5～7。

64. 馬雍,〈北魏封和突墓及其出土的波斯銀盤〉,《文物》,1983 年 8 期,頁 8～12 及 39。

65. 唐仲明,〈試論北朝墓室壁畫的內容與布局特徵〉,《山東大學學報(哲學社會科學版)》,2000 年第 1 期。

66. 郭素新,〈內蒙古呼和浩特北魏墓〉,《文物》,1977 年 5 期(北京,1977),頁 38～41,77。

67. 孫危,〈內蒙古地區鮮卑墓葬的初步研究〉,《內蒙古文物考古》,2001 年 1 期。

68. 孫秉明、宮德杰,〈崔芬墓壁畫〉,《北齊崔芬壁畫墓》(北京:文物出版社,2002),頁 13～22。

69. 孫機,〈固原北魏漆棺畫研究〉,《文物》,1989 年 9 期,頁 38～44,12。

70. 徐嬋菲，〈洛陽北魏元懌墓壁畫〉，《文物》，2002 年 2 期，頁，，

71. 陝西省文物管理委員會，〈西安南郊草塲坡村北朝墓的發掘〉，《考古》，1959 年 6 期，頁 285～287。

72. 陝西省考古研究所，〈西安發現的北周安伽墓〉，《文物》，2001 年 1 期，頁 4～26。

73. 陝西省考古研究所，〈西安北郊北周安伽墓發掘簡報〉，《考古與文物》，2000 年 6 期，頁 28～35。

74. 陝西省考古研究所，〈北周宇文儉墓清理發掘簡報〉，《考古與文物》，2001 年 3 期（北京 2001.3），頁 27～40。

75. 陝西省考古研究所，〈西安北郊北朝墓清理簡報〉，《考古與文物》，2005 年 1 期，頁 7～16。

76. 馬忠理，〈磁縣北朝墓群——東魏北齊陵墓兆域考〉，《文物》，1994 年 11 期，頁 56～66。

77. 濮陽西水坡遺址考古隊，〈1988 年河南濮陽西水坡遺址發掘簡報〉，《考古》，1989 年 9 期（北京，1989，12），頁 1057～1066。

78. 偃師商城博物館，〈河南偃師南蔡庄北魏墓〉，《考古》，1991 年 9 期（北京，1991），頁 832～834。

79. 偃師商城博物館，〈河南偃師兩座北魏墓發掘簡報〉，《考古》，1993 年 5 期（北京，1993），頁 414～425。

80. 宿白，〈北魏洛陽城和北邙陵墓——鮮卑遺跡輯錄之三〉，《文物》，1978 年 7 期，頁 42～52。

81. 宿白，〈平城實力的聚集和“雲岡模式”的形成與發展〉，《中國石窟寺研究》（北京：文物出版社，1996），頁 115～120。

82. 宿白，〈東北、內蒙古地區的鮮卑遺跡——鮮卑遺跡輯錄之一〉，《文物》，1977 年 5 期，頁 42～54。

83. 宿白，〈盛樂、平城一帶的拓跋鮮卑——北魏遺跡——鮮卑遺跡輯錄之二〉，《文物》，1977 年 11 期，頁 38～46。

84. 常一民，〈太原市神堂溝北齊賀婁悅墓整理簡報〉，《文物季刊》，1992 年 3 期（太原市，1992），頁 33～38。

85. 常一民，〈北齊徐顯秀墓發掘記〉，《文物世界》，2006 年 4 月（中國期刊網），頁 11～20。

86. 張子英、張利亞，〈河北磁縣北朝墓群研究〉，《華夏考古》，2003 年 2 期（北京，2003），頁 83～87。

87. 張志忠，〈大同七里村北魏楊眾慶墓磚銘析〉，《文物》，2006 年 10 期，（北京，2006.10），頁 82～85。

88. 張慶捷，常一民，〈北齊徐顯秀墓出土的嵌藍寶石金戒指〉，《文物》，2003年 10 期，（北京 2003.10.），頁 53～57。

89. 陶正剛，〈山西祁縣白圭北齊韓裔墓〉，《文物》，1975 年 4 期（北京，1992），頁 64～73。

90. 喬梁，〈北朝墓葬研究〉，《宿白先生八秩華誕紀念文集》（北京：文物出版社，2002），頁 175。

91. 彭娟英，〈北齊墓葬——展現一個朝代的盛世繁華〉，《中國文化遺產》，2008 年 1 期，（北京，2008.1）頁 55～61。

92. 渠傳福，〈徐顯秀墓與北齊晉陽〉，《文物》，2003 年 10 期，頁 52。

93. 黃應貴，〈導論：物與物質文化〉，收於黃應貴主編《物與物質文化》，台北市：中央研究院民族學研究所，2004 年。

94. 黃應貴，〈導論：空間、力與社會〉，收於黃應貴主編《空間、力與社會》，台北市：中央研究院民族學研究所，1995 年 12 月。

95. 黃應貴，〈導論：時間、歷史與記憶〉，收於黃應貴主編《時間、歷史與記憶》，台北市：中央研究院民族學研究所，2004 年。

96. 楊泓，〈中國古代壁畫墓綜述〉，《探古求源——考古雜誌社成立十週年紀念學術文集》，（北京：科學出版社，2007）。

97. 楊泓，〈北朝文化源流探討之一——司馬金龍墓出土遺物的再研究〉，《漢唐美術考古和佛教藝術》（北京：科學出版社，2000）。

98. 楊泓，〈北朝陶俑的源流、演變及其影響〉，《漢唐美術考古和佛教藝術》，（北京：科學出版社，2000）。

99. 楊泓，〈南北朝墓的壁畫和拼鑲磚畫〉，《漢唐美術考古和佛教藝術》（北京科學出版社，2000），頁 84～102。

100. 楊泓，〈從婁叡墓談北齊物質文化的幾個問題〉，《漢唐美術考古和佛教藝術》（北京：科學出版社，2000），頁 140～141。

101. 楊泓，〈談中國漢唐之間葬俗的演變〉，《漢唐美術考古和佛教藝術》，（北京：科學出版社，2000）。

102. 楊泓，〈鄧縣畫像磚墓的時代和研究〉，《漢唐美術考古和佛教藝術》，（北京：科學出版社，2000），頁 103～114。

103. 楊泓，〈北朝文化源流探討之一——司馬金龍墓出土遺物的再研究〉，《中國考古集成 華北卷 北京市、天津市、河北省、山西省 魏晉至隋唐（一）》（瀋陽：哈爾濱出版社，1994），頁 914～919。原載於《北朝研究》1989 年 1 期。

104. 楊泓，〈北朝陶俑的源流、演變及其影響〉，《中國考古學研究—夏鼐先生考古五十年紀念論文集》（北京：文物出版社，1986），頁 268～276。

105. 楊以陵，〈東魏、北齊墓葬的考古學研究〉，《考古與文物》，2000 年 5 期，

頁 68～88 轉 96。

106. 寧夏回族自治區博物館、寧夏固原博物館,〈寧夏固原北周李賢夫婦墓發掘簡報〉,《文物》,1985 年 11 期,頁 1～20。

107. 寧夏固原博物館,〈彭陽新集北魏墓〉,《文物》,1988 年 9 期,頁 26～42。

108. 榮新江,〈略談徐顯秀墓壁畫的菩薩連珠紋〉,《文物》,2003 年 10 期,66～68。

109. 榮新江,〈粟特祆教美術東傳過程中的轉化——從粟特到中國〉,《漢唐之間文化藝術的互動與交融》(北京:文物出版社,2001),頁 51～67。

110. 榮新江,〈隋及唐初并州的薩寶府與粟特聚落〉,《文物》,2001 年 9 期。

111. 磁縣文化館,〈河北磁縣東魏茹茹公主墓發掘簡報〉,《文物》,1984 年 4 期(北京,1984),頁 1～9)。

112. 磁縣文化館,〈河北磁縣東陳村北齊堯峻墓〉,《文物》,1984 年 4 期(北京,1984),頁 16～22)。

113. 磁縣文化館,〈河北磁縣北齊高潤墓〉,《考古》,1979 年 3 期(北京,1984),頁 234～243)。

114. 磁縣文化館,〈河北磁縣東陳村東魏墓〉,《考古》,1977 年 6 期(北京,1977),頁 391～400,428)。

115. 磁縣文物保管所,〈河北磁縣北齊元良墓〉,《考古》,1997 年 3 期(北京,1997),頁 33～39,85)。

116. 齊東方,〈鮮卑金銀器研究〉,《漢唐之間文化藝術的互動與交融》,(北京:文物出版社,2001)。

117. 劉俊喜,〈山西大同北魏墓葬考古新發現〉,《北朝史研究》(北京:商務印書館,2004),頁 473～483。

118. 鄭岩,〈河西魏晉壁畫墓初論〉,《漢唐之間文化藝術的互動與交融》(北京:文物出版社,2001)。

119. 鄭岩,〈崔芬墓壁畫初探〉,《北齊崔芬壁畫墓》(北京:文物出版社,2002),頁 23～32。

120. 謝明良,〈從階級的角度看六朝墓葬器物〉,《國立台灣大學美術史研究集刊》5 期(1994),頁 1～37。

121. 謝明良,〈魏晉十六國北朝墓出土陶瓷試探〉,《國立台灣大學美術史研究集刊》1 期(1994),頁 1～37。

122. 韓生存,曹承明,胡平〈大同城南金屬鎂廠北魏墓群〉,《中國考古集成 華北卷 北京市、天津市、河北省、山西省 魏晉至隋唐(一)》(瀋陽:哈爾濱出版社,1994),頁 888～895。原載於北朝研究 1996 年 1 期。

附錄一　山西地區北朝墓葬表

地區	墓葬名稱	年代	墓葬形制	出土物	是否出土墓誌	資料來源	備　註
晉北	小站花圪台北魏墓（墓主：封和突）	501～504二次葬，北魏遷洛陽後	墓道，甬道，前後墓室	鎏金波斯銀盤，高足銀杯，鐵棺環，鐵棺釘，鐵花棺飾件，石燈台，墓誌，青瓷片，陶片及鐵斧，鐵鐋等。	是	《文物》1983年8期	鎏金銀盤為古波斯薩珊朝早期的工藝品。
晉北	方興石棺	北魏 518～520	不明	石棺邊板2塊，石碣1。	是（石碣簡略記述）	《考古》1997年8期	石碣上方記載墓主方興姓名及官職，中央刻有墓主人夫婦席坐平台宴食，兩側有僕人及朱雀，下為樂師和舞女舞樂，石棺板刻墓主人生前出行及狩獵圖、雜技表演等。
晉北	城南金屬鎂廠北魏墓群	北魏	磚室墓9座（3座有棺床，砌墓室於後部）土洞墓1座。	陶罐，醬釉鳥首陶壺，釉陶罐，陶燈台，化身童子瓦當，石燈，石柱礎，長方形石，鐵鉢。	墓銘磚（宿光明塚），墓誌殘片。	《北朝研究》1996年1期	墓銘磚（宿光明塚）疑為改姓之鮮卑人，本區以陶器為主，陶器紋飾有鮮卑早期已有暗紋，水波紋，又有接受中原和西方文化影響的忍冬紋等——多元，複雜，應為平城期的中後期。
晉北	下深井北魏墓	北魏	斜坡墓道單室磚墓	陶壺3件，陶罐2件，陶俑9件，侍者俑4件，狗1件，羊2件，豬2件，石燈1件，銅流金鏤空人龍紋飾1件，銅鎏金帽釘2件，銅鑷子1件，漆盤1件，漆耳杯3件。	無	《文物》2004年第6期	陶俑造型與大同北魏末祖墓，大同石家寨北魏司馬金龍墓相同.服飾與孝文帝遷洛（太和18年西元494年）。

晉北	沙嶺北魏壁畫墓（破多羅太夫人）	北魏	長方形斜坡墓道，磚室墓2座，土洞墓10座	M7出土器物27件，以及大量的殘碎彩繪漆皮。釉陶壺5件，素陶罐5件，素陶壺6件，鐵器1件，銅眼鈎1件，銅泡釘1件，銅牌飾1件，銀圓飾6件，漆耳杯1件，彩繪漆皮清理可見有夫婦并坐，庖廚炊作，打場等畫面。	無（漆皮之文字或可資參考）	《文物》2006年第10期	爲迄今發現北魏唯一之壁畫墓，深具美術發展之意義。
晉北	迎賓大道北魏墓群	北魏	豎穴土壙墓5座，土洞墓62座，磚室墓8座	出土物421件，陶器，釉陶器，金銀器，銅器，鐵器，玻璃器，石器，骨器，玉器，玉石料器，漆器，大件器物置於棺外，小件器物置於棺內尸骨附近。	無	《文物》2006年第10期	
晉北	雁北師院（宋紹祖）墓	北魏	磚室墓5座土洞墓6座	鎮墓獸1件，陶俑（鎮墓武士俑2件，甲騎具裝俑26件，雞冠帽武士俑32件，男俑三式45件，女俑6件胡俑4件，3.動物模型（馬12件，駝糧驢2件，牛4件陶車6件，駱駝1件，豬1件，羊2件，狗2件。4.實物模型（碓1件，井1件，灶1件，磨1件）。5.陶器（罐1件，）。6.墓銘磚。7.其他（石供桌1個，石板一塊，銀鐲一副，鐵製小鏡1面，琥珀飾件3個，陶質小碟3個，漆盤2個）。	是	《文物》2001年7期	
晉北	東郊元淑墓	北魏	長斜坡道磚室墓	帶把陶壺4件，陶壺1件，陶器蓋3件，陶六足碗，陶缽1件，陶匙3件，石托杯1套，殘竹篠8根，木雕鳩鳥1件，木架形器1件，圓形細木條數十根，小骨環2件，銅錢7枚，小銅箍3件，鐵合頁3件，小鐵環1件，鐵棺釘近20枚，墓誌1通。	是	《文物》1989年8期	
晉北	石家寨北魏司馬金龍墓	北魏484	磚砌多室墓，由墓道，墓門，前室甬道，前室，後室甬道，後室，耳室組成	俑338件，胡俑8件及女樂俑12件。馬、牛、羊、豬、狗、雞駱駝。青瓷唾壺，漆食榼；鎮墓獸，灰陶壺，釉陶器蓋，釉陶器座，鐵馬鐙，鐵鍋，鐵剪，木枕，木盆架，木傘頂，木獸頭，木欄杆，木圓圈，石硯台，石燈座，石雕柱和木板漆畫以及小料珠，小骨片，小銅片，竹竿等雜項物品。	有（含其妻姬辰之墓誌）	《文物》1972年9期	

晉北	齊家坡北魏墓	北魏墓	斜坡道單室土洞墓南北向木棺置正中偏北處釘銅泡	釉陶器，銅鋪首銜環，銅泡釘，銅釧，貨幣，金鈴，金飾片，銀笄，銀指環，銀環，鐵棺環，鐵鏡，土器，泥餅，谷子（已碳化），項鏈。	否	《北朝研究》1994 年 4 期	1.有鮮卑風格 2.墓型：介於大同市電焊器材廠北魏墓中長斜坡道窄室墓與長斜坡墓道室墓之間墓室規整是北魏北城後段的典型墓型。
晉中南地區	徐顯秀墓	571	斜坡道磚室墓（墓道、過洞、天井、通道、墓室）	1.陶俑 320 件（有鎮墓武士俑 2，鎮墓獸 2，三棱風帽俑 124，鎧甲俑 13，持盾俑 63，武士俑 3，文吏俑 47，籠冠俑 25，持劍俑 4，女侍俑 16，女俑 1，擊鼓騎俑 8 辮髮騎俑 1 鼓吹騎俑 1，騎馬俑 1）2.瓷器 200 件（有雞首壺 7，尊 1，燈 4，盤 8，碗 110，帶蓋罐 2，圓扣盒碎片約 30，燈盞 2，罐 1，壺 1 等物，表面多施黃綠釉）。3.飾品（金戒指，銀指環各 1）。4.其他（瓦當 1 件，柱礎石 2 件，）。5.墓誌 1 合。	是	《文物》2003 年第 10 期	出土之燈，為祆教使用器物；棺床之骨骸經檢驗，應與祆教葬俗有關。
晉中南地區	北魏辛祥墓	518～520 二次葬	單室土洞墓	雞首壺，茶具，銅鏡，銅尺，銅器柄，銀鑷子，銅錢，石燈，墓誌。	是	《考古學集刊》，1981 年 1 輯	
晉中南地區	北齊婁叡墓	570 年	長斜坡道磚室	陶俑：610 件（鎮墓武俑 2，武士俑 91，女官俑 103，女侍俑 45，女跪侍俑 3，女僕俑 1，役夫俑 3，騎馬武士俑 40，騎馬文吏俑 4，騎馬 2，騎馬樂俑 22，執物騎俑 10，駄物騎俑 1，鎮墓俑 2，）。陶牲 42，（馬 10，駄馬 3，駱駝 4，牛 1，猪 10，臥羊 6，臥狗 5，雞 3）。陶模型 16（倉 2，碓 2，磨 2，灶 3 瓷器 76 件（二彩盂 1，燈 4，盤 10，貼花瓶（蓮瓣）2，罐 2，螭柄雞首壺 5，托杯 2，扣盒 11，碗 39。陶器 13 件（罐 1，瓶 1，壺 6，碗 5，）裝飾品 85 件（金飾 1，琥珀獸 2，蚌人 2，蚌飾 1，玉璜 12，玉佩 1，珠 1260 粒，殘銀飾 1，殘銅飾 28，鐵飾 17）。	是	《文物》1983 年 10 期	此時期為厚葬風氣盛行，瓷器之重要明器蓮瓣紋

				其它 15 件（瓦當 2，鐵鏃9，汞，絲織品殘片）石刻 17 件（石獅 8，石柱礎，墓誌）。			
晉中南地區	北齊柳子輝墓	天保七年（556年）	磚砌，墓室長方型	陶器（陶罍 2 件，陶罐 1件，陶井 1 件，小陶罐 1件。玉器（帶鈎一對）青石板 2 件。	有	《文物》1963 年6 期	
晉中南地區	北齊賀拔昌墓	天保四年（553年）	磚室墓（墓道，甬道，墓室）	陶俑 18 件（按盾武士俑 2，甲騎具裝俑 1，騎馬執物俑3，擊鼓騎俑 2，鼓吹騎俑1，背盾俑，三稜風帽俑2，女侍俑 2，籠冠俑 2，雜技俑 1，文吏俑 1。）陶牲 8 件（祆馬 1 馱馬 1，駱駝 1，陶豬 2，陶牝豬，陶狗，陶羊，陶鷄 1）庖類家居生活陶製明器 8 件（陶井，陶磨，陶碓，陶廁，細頸瓶，陶瓶，陶罐，陶盆，陶鐘形器，金屬器（金環 1，銅飾件 2）	有	《文物》2003 年3 期	太原地區發掘之北齊墓葬十餘座中以賀拔昌年代最早1.隨葬陶俑質地爲灰陶，與天保10 年之張肅俗墓相當，其後爲紅陶2.陶俑類別多而各類量少3.不見黃釉陶瓷器4.墓葬內壁爲裸磚，沒有白灰皮鼓吹騎馬俑之辮髮型式可能爲東胡
晉中南地區	北齊庫狄業墓	天統三年（567年）	單室土洞墓	陶俑 80 件，（鎮墓武士俑 2，三稜風帽俑 29，，鎧甲俑 3，圓頂盔俑 12，圓頂風帽俑11，持盾俑 26，女官俑 6，持劍女官俑 3，女侍俑 2，）動物模型（鎮墓獸 1，陶鷄1，陶馬 1）瓷器 8 件（瓷灯 1，鷄首壺1，高領瓶 1，唾壺 1，瓷盤 1，瓷扣盒 2，瓷碟 1）陶器 10（罐 2，碗 7，杯 1，陶盤 2，陶車輪模型 2）。金屬器（銅釜 1，鐵刀，鐵鏡，銅飾片，鐵合頁，門鼻，鋪首，鐵釘等）。	有	《文物》2003 年3 期	瓷灯，瓷鷄首壺。出土銅釜，是一修補過之實用器，爲游牧民族馬背生活的必需品，說明了鮮卑人的生活習慣，在北齊末期仍然存在。
晉中南地區	神堂溝北齊賀婁悅墓	北齊	土洞墓，斜坡墓道穹窿頂方室墓	陶俑，陶牲，均以泥質灰陶與紅陶爲主。陶俑（鎮墓武士俑，儀仗俑，武士俑，披鎣武士俑，文吏俑，僕侍俑，女官俑，女侍俑，女侍跪俑，殘俑頭，鎮墓俑，馬，駱駝，牛，豬，羊，牛車之類，共 32 件。	有	《文物季刊》1992 年 3 期	與張肅俗墓，庫狄業墓相當。墓誌記載卒於鄴城，葬於太原的事實，反映晉陽作爲東魏北齊的陪都。

晉中南地區	張海翼墓	北齊	單室土洞墓	部分被損毀，回收修復後分類如下 陶俑42件爲模製（鎮墓武士俑1件，甲騎具裝俑1件，文吏俑2件，持盾俑4件，甲士俑5件，儀仗俑22件，女侍俑3件，侍僕俑4件）。 陶牲畜4件（臥狗1件，子母羊1件，陶牛1件，駱駝1件）。 瓷器（碗）5件。陶器2件（長頸瓶1件，壺1件）。 其他3件（銅鏡1件，銅幣2枚，墓誌1合）。	是	《文物》2003年10期	從張海翼和張肅俗兩合墓誌內容來看，二人同姓，同是代郡平城人，又葬同一墓地。分析其父及任職等，兩者之間應或有一定的親族關係。
晉中南地區	壙坡張肅俗墓	北齊（天保10年）	單室土洞墓	陶鎮墓俑2，陶鎮墓獸1，陶馬2，陶駱駝1，陶牛車1，陶犬2（殘1），陶豬2（殘1）陶雞1，陶女俑7，陶蹲女俑3，陶武士俑4（殘1）陶碗8（殘2）陶罐3，陶灶1，陶廁1，陶不知名器（疑爲碓），陶井1，殘陶器1。	是	山西省博物館《北齊張肅俗墓文物圖錄》中國古典藝術出版社1958年	
晉中南地區	開化村北齊洞室墓（竇興）	北齊天保10年	斜坡墓道單洞室墓	墓誌一合，鎮墓獸2件，鎮墓武士俑2件，陶罐1件，陶細頸瓶1件，陶廁1件，陶磨1件，陶碓1件，陶井1件，陶灶1件，陶碗3件。	是	《考古與文物》2006年2期	隨葬器物，組合簡單，形制精當，做工亦甚好
晉中南地區	西南郊北齊洞室墓（侯奐陳阿仁伏）	北齊天保6年	洞室墓	隨葬物29件:陶俑39件，鎮墓武士俑12件，披氅武士俑12件，持盾武士俑8件，垂袖男侍俑7件，持物男侍俑，鎮墓獸1件，牛車1件，駱1件，小泥餅10件爲1組，仿家居生活類明器（盤1件，碗11件），盒件，燈盞1件，罐10件，雞首壺1件，碓1件，細頸瓶1件，井1件，廁1件，灶1件，廣肩瓶1件，銅錢1枚，銅鏡1枚，石碑1件。	是	《文物》2004年6期	
晉中南地區	南郊北齊壁畫墓（貴族婦人）	北齊後期	磚室墓	鎮墓俑2，甲士俑4，儀仗俑21，持盾俑6，擎鼓俑2，騎1，立俑1，籠冠俑1，武士俑1	無	《文物》1990年12期	墓主爲女性。
晉中南地區	北齊狄湛墓	河清三年（565年）	類磚室土洞墓	陶俑38件（三稜風帽俑5件，盔甲俑10件，執盾俑2件，背盾俑5件，袒肩俑13件，圓盔俑3件）庖廚明器（紅陶碗1件，紅陶倉1件）。	有	《文物》2003年3期	陶俑造型與婁叡墓，庫狄業墓相同，盛唐名相狄仁傑的四世祖，推知狄的祖先或爲羌人。

| 晉中南地區 | 北齊庫狄迴洛墓 | 北齊大寧2年562年 | 長斜坡道磚室墓 | 鎏金銅器(三足器1,鐎1,斗1,瓶3,唾壺2,高足杯1,盒1,碗1,蓮花燭台1,龍首4,

銅鈎2,響鈴4,銅飾53)
銅錢(常平五銖1,五銖錢)
鐵器(鋤1,劍1,鎖1,活頁7,環7,圓片50多件,環首鉚釘1,長方形鐵片1,鐵釘近百枚)。
釉陶器(蓮花寶相紋尊7,盤7,碗8,杯8,盒4)。
陶器(瓮1,罐2,缽2,羊2,灶1)。
陶俑(按盾武士俑2,負盾武士俑15,披氅侍衛男俑4,袒肩侍衛男俑4,翻衽侍衛男俑12,翻領雙衽侍衛男俑14,伎樂俑3,舞蹈胡俑1,文吏俑1,侍女俑1。
金石瑪瑙玻璃器(金戒指1,金飾品2,刻花金箔片2,瑪瑙珠1串,冠飾1,獸面人身雕像1,石珠2,瑪瑙獅形飾1,玉璜3,玻璃器1,方解石約150粒,白雲母片一堆)。
骨器(骨飾1,骨豬1)。
絲織品,漆器,粟粒(炭化)
墓誌三方六合(裂)。 | 有 | 《考古學報》1979年3期 | |
| 晉中南地區 | 韓裔 | 北齊(天保10年) | 長斜坡道磚室墓 | 女俑7,男俑36,武士俑64,騎馬武士俑13,力士俑1,大陶馬3,馱糧馬1,陶羊2,陶豬2,鎮墓獸1,盤4,龍鳳壺,盒3,碗3,罐1,陶灶1,貼金"常平五銖錢"4,包金鐵片4,墓誌蓋和墓誌各一方 | 是 | 《文物》1975年4期 | |

附錄二　山西地區北朝墓葬出土物分類整理表

序號	墓葬名稱	墓葬年代	族屬	墓葬形制（數量）	葬具	盜擾	墓葬出土物												
							墓誌	壁畫	陶製品				石雕物件	木器	金銀器	玻璃器	銅器物件	鐵器物件	其它
									鎮墓獸	人物俑	動物俑	明器							
1	沙嶺北魏壁畫墓（破多羅太夫人）	北魏（435年）	鮮卑	長坡墓墓道磚構單室墓		擾		V				V			V		V	V	漆耳杯　漆皮
2	雁北師院（宋紹祖）墓	北魏（477年）	漢人	斜坡墓墓道天井過洞磚構單室墓	僅存一石槨		V		V	V	V	V	V		V				石灰枕　漆盤　琥珀飾件
3	下深井北魏墓	平城時期（約與宋紹祖墓相當）	北方游牧貴族	斜坡墓墓道磚構單室墓					V	V	V	V	V				V	V	泥錢　漆盤　漆耳杯　脊瓦

山西北朝墓葬民族文化交融研究

序號	墓名	年代	族屬	墓葬形制	葬具	盜擾											備註
4	石家寨北魏司馬金龍墓	北魏（484年）	漢人	磚砌多室墓	石棺床	盜	∨	∨		∨	∨	∨			∨	∨	漆板畫、骨片、漆食奩、青瓷唾壺
5	智家堡北魏石槨墓壁畫	北魏（約484~489）	不詳	墓道不明石槨室墓	石槨	擾		∨		∨				∨		∨	
6	湖東北魏一號墓	北魏（約484~494）	不詳	長斜坡道雙室磚墓	松木一棺一槨	盜	∨			∨		∨		∨		∨	骨器、鉛錫器、漆器、棺板漆畫
7	智家堡北魏墓棺板畫	北魏（約484~494）	不詳	斜坡道土洞墓	木棺	盜擾											畫技運用暈染法
8	方山永固陵（文明皇后馮氏墓）	北魏（490）	鮮卑	墓道多室墓		盜擾	∨		∨		∨				∨	∨	骨簪、料環、殘瓷片
9	電銲廠北魏墓群	平城時期	鮮卑	豎穴土壙墓（17）/豎井坡道土洞墓（54）/長斜坡墓道土洞墓（95）/磚室墓1			∨	∨	∨（燈）	∨		∨（碗1）	∨（鍑1）	∨	玉類珠飾69、漆器及殘片、棺板杉畫3、小件器物軟多（
10	迎賓大道北魏墓群	平城時期（出土年磚466年一座）	鮮卑	豎穴土壙墓（5）/土洞墓（62）/磚室墓（8）		盜擾	∨	∨	∨	∨	∨		∨	∨		玉石串飾、琥珀串飾、骨器
11	金屬鎂廠北魏墓群	平城時期中後期	鮮卑	斜道磚室墓（9）/斜坡道土洞墓（1）			∨（墓銘磚）		∨	∨					∨	玉石串飾、琥珀串飾、瑪瑙、水晶、珊瑚、綠松石

序號	墓名	年代	民族	墓葬形制	葬具	擾亂										備註
12	齊家坡北魏（貴族婦人）墓	平城時期晚期	鮮卑	長斜坡道單室土洞墓	木棺		∨		∨		∨		∨	∨	∨	琥珀珠飾、泥餅、盒子
13	七里村北魏墓群	平城時期至遷洛	鮮卑	長斜道土洞墓26 長斜坡道窄室墓7	木棺	∨（墓銘磚）	∨	∨	∨	∨	∨		∨	∨	∨	玉石料器、漆器
14	小站花圪坮合北魏墓（墓主：封和突）	501～504 二次葬，北魏遷洛陽後	鮮卑	長坡墓道磚構前後室墓	木棺	盜擾	∨	∨	∨					∨	∨	
15	元淑墓	北魏（507年）	鮮卑	長坡墓道磚構單室墓	磚砌棺床木棺	擾	∨	∨	∨	∨	∨			∨	∨	竹條、小骨環
16	方興石棺	北魏（518～520年）	鮮卑	不明	石棺	擾	石榻1									石棺邊板2
1	秦村李詵安墓	北魏（499年）	不詳	長斜道磚室墓	榻床	∨		∨						∨		磚雕11件有人及動物
2	北魏辛祥墓	518～520 二次葬	漢人	單室土洞墓	木棺	擾	∨	∨		∨				∨		
3	北齊賀拔昌墓	天保四年（553年）	鮮卑	磚室墓		盜擾	∨	∨	∨	∨				∨		
4	西南郊北齊洞室墓（侯莫陳阿仁伏）	北齊天保6年（555年）	不詳	洞室墓	木棺	擾	∨	∨	∨	∨	∨			∨		常平五銖錢
5	北齊柳子輝墓	天保七年（556年）	不詳	磚室墓	已朽	盜擾	∨	∨	∨					∨		玉帶鉤
6	開化村北齊洞室墓（竇興）	北齊天保10年(559年)	鮮卑	生土單洞室墓	木棺	擾	∨	∨	∨					∨		

序號	墓葬名稱	年代	民族	墓形	葬具	盜擾												出土器物
7	壙坡張肅俗墓	北齊天保10年(559年)	漢人	單室土洞墓	木棺	擾	∨		∨	∨	∨	∨						碗
8	神堂溝北齊賀婁悅墓	北齊皇建元年(560年)	鮮卑	土洞墓		擾	∨		∨	∨	∨	∨						
9	北齊狄湛墓	河清三年(565年)	羌族	磚室土洞墓		擾	∨		∨	∨	∨	∨						碗
10	張海翼墓	北齊天統元年(565年)	漢人	單室土洞墓		擾	∨		∨	∨	∨	∨			∨			瓷碗 5件 常平五銖55
一/1	北齊庫狄業墓	天統三年(567年)	鮮卑	斜坡墓道單室土洞墓	木棺	擾	∨		∨	∨	∨	∨			∨銅釜			瓷雞首壺,瓷 瓷燈高領瓶 瓷盤瓷唾壺 瓷牒 陶碗
2	北齊婁叡墓	570年	鮮卑	斜坡墓道磚室墓	磚棺床木榔二棺	擾	∨		∨	∨	∨	∨	∨					瓷燈 瓷雞首壺 瓷盤 貼花瓷瓶 瓷碗 瓷扣盒 瓷碗 瓷托杯 水銀 珠玉 琥珀扣獸
二	北齊徐顯秀墓	571年	漢人	斜坡墓道磚室墓	磚棺床	盜擾	∨		∨	∨	∨V辮髮騎馬俑	∨						瓷燈 瓷尊 瓷雞首壺 瓷碗 瓷盤 瓷罐 110 瓷碗 瓷圓 扣盒 瓷蓋灯盞 瓷罐瓷壺
三	南郊北齊壁畫墓	北齊後期	不詳	斜坡墓道磚室墓	磚尸床	未	∨		∨	∨	∨	∨						常平五銖 錢 瓷雞首壺 碗

				木槨棺各1	擾									鎏金銅器	銅	碗 常平五銖錢 瑪瑙 琉璃 絲織品 骨
15	北齊庫狄迴洛墓	北齊大寧2年（562年）	鮮卑	斜坡道磚室墓		∨	∨	∨	∨	∨	∨	∨	∨	∨	∨	∨	碗 常平五銖錢 瑪瑙 琉璃 絲織品 骨
16	韓裔墓	北齊天統三年（567年）	不詳	斜坡道磚室墓	盜擾	∨	∨	∨	∨	仿木構				∨	常平五銖錢 碗 仿木構